厚大®法考
Judicial Examination

2023 年国家法律职业资格考试

主观题

黄金考点·迷你案例·思维推演

商 法

考 点 清 单

Commercial Law

鄢梦萱◎编著

厚大出品

中国政法大学出版社

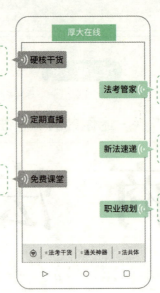

厚大在线

硬核干货 — 八大学科学习方法、2022年新旧大纲对比及增删减总结、考前三页纸等你解锁。

定期直播 — 备考阶段计划、心理疏导、答疑解惑，专业讲师与你相约"法考星期天"直播间。

免费课堂 — 图书各阶段配套名师课程的听课方式，课程更新时间获取，法考必备通关神器。

法考管家 — 法考公告发布、大纲出台、主客观报名时间、准考证打印等，法考大事及时提醒。

新法速递 — 新修法律法规、司法解释实时推送；最高院指导案例分享；牢牢把握法考命题热点。

职业规划 — 了解各地实习律师申请材料、流程，律师执业手册等，分享法律职业规划信息。

法考干货　通关神器　法共体

更多信息
关注厚大在线

做法治之光

——致亲爱的考生朋友

　　如果问哪个群体会真正认真地学习法律，我想答案可能是备战法考的考生。

　　当厚大的老总力邀我们全力投入法考的培训事业，他最打动我们的一句话就是：这是一个远比象牙塔更大的舞台，我们可以向那些真正愿意去学习法律的同学普及法治的观念。

　　应试化的法律教育当然要帮助同学们以最便捷的方式通过法考，但它同时也可以承载法治信念的传承。

　　一直以来，人们习惯将应试化教育和大学教育对立开来，认为前者不登大雅之堂，充满填鸭与铜臭。然而，没有应试的导向，很少有人能够真正自律到系统地学习法律。在许多大学校园，田园牧歌式的自由放任也许能够培养出少数的精英，但不少学生却是在游戏、逃课、昏睡中浪费生命。人类所有的成就靠的其实都是艰辛的训练；法治建设所需的人才必须接受应试的锤炼。

　　应试化教育并不希望培养出类拔萃的精英，我们只希望为法治建设输送合格的人才，提升所有愿意学习法律的同学整体性的法律知识水平，培育真正的法治情怀。

厚大教育在全行业中率先推出了免费视频的教育模式，让优质的教育从此可以遍及每一个有网络的地方，经济问题不会再成为学生享受这些教育资源的壁垒。

最好的东西其实都是免费的，阳光、空气、无私的爱，越是弥足珍贵，越是免费的。我们希望厚大的免费课堂能够提供最优质的法律教育，一如阳光遍洒四方，带给每一位同学以法律的温暖。

没有哪一种职业资格考试像法考一样，科目之多、强度之大令人咋舌，这也是为什么通过法律职业资格考试是每一个法律人的梦想。

法考之路，并不好走。有沮丧、有压力、有疲倦，但愿你能坚持。

坚持就是胜利，法律职业资格考试如此，法治道路更是如此。

当你成为法官、检察官、律师或者其他法律工作者，你一定会面对更多的挑战、更多的压力，但是我们请你持守当初的梦想，永远不要放弃。

人生短暂，不过区区三万多天。我们每天都在走向人生的终点，对于每个人而言，我们最宝贵的财富就是时间。

感谢所有参加法考的朋友，感谢你愿意用你宝贵的时间去助力中国的法治建设。

我们都在借来的时间中生活。无论你是基于何种目的参加法考，你都被一只无形的大手抛进了法治的熔炉，要成为中国法治建设的血液，要让这个国家在法治中走向复兴。

数以万计的法条，盈千累万的试题，反反复复的训练。我们相信，这种貌似枯燥机械的复习正是对你性格的锤炼，让你迎接法治使命中更大的挑战。

亲爱的朋友，愿你在考试的复习中能够加倍地细心。因为将来的法律生涯，需要你心思格外的缜密，你要在纷繁芜杂的证据中不断搜索，发现疑点，去制止冤案。

亲爱的朋友，愿你在考试的复习中懂得放弃。你不可能学会所有的知识，抓住大头即可。将来的法律生涯，同样需要你在坚持原则的前提下有所为、有所不为。

亲爱的朋友，愿你在考试的复习中沉着冷静。不要为难题乱了阵脚，实在不会，那就绕道而行。法律生涯，道阻且长，唯有怀抱从容淡定的心才能笑到最后。

法律职业资格考试不仅仅是一次考试，它更是你法律生涯的一次预表。

我们祝你顺利地通过考试。

不仅仅在考试中，也在今后的法治使命中——

不悲伤、不犹豫、不彷徨。

但求理解。

厚大®全体老师　谨识

2023 年商法主观题系列图书共计三本，目前呈现在您面前的《考点清单》是第一本，定位为基础阶段教材。另外两本图书，一本侧重于历年真题分析，另一本侧重于商法主观题的考前冲刺。

自 2018 年法考元年直至 2022 年的法考主观题，商法均有一道独立的案例分析题，位于"选做题"之列，分值为 28 分或 29 分。该独立商法案例与行政法案例为选做题（选择一题作答）。同时，在民法主观题中常出现 1~3 问关涉商法的设问，分值为 10 分以上。2019 年民法试题中涉及商法案情达到 3 问，分值约为 25 分，加上独立的商法主观题 27 分，当年涉商主观题总计达到了约 52 分。分值数据表明，随着商事活动趋于复杂，涉及公司这一商事主体的经济纠纷呈现出"综合性、复杂性、特殊性"，这也使得商法在法考中地位突出，总分值很高。

针对商法主观案例，考生普遍反映有难度，虽然法律规则清晰，但在分析具体案情时常会出现定性模棱两可的局面。为解决此难题，需要我们在准备主观题的初期就夯实基础，准确理解法律规则以及立法目的。本书即是商法主观题基础阶段的教材，重在基础知识的理解。

下面，我就本书做一简要说明，以方便各位考生朋友学习。

1. 本书定位是商法主观题基础阶段教材，以"讲"的形式，遴选大概率出现在商法主观题中的知识点重新编排，可定义为"主观题商法基础教程"。

2. 建议本书的使用时间至迟不晚于 2023 年的 7 月份。

3. 与本书配套的教材，包括：

（1）《主观题沙盘推演》（详细讲解商法攻略；近年商法案例主观题真题破译）。

（2）《主观题采分有料》（问答形式列明商法常见设问；总结常见背诵金句）。

4. 学习建议

（1）转变学习习惯，"多思少背"。我们在备考客观题时，因为学习内容太多，复习时间不够，所以就某些重要制度来不及深入琢磨，浅尝辄止，大多依靠"背诵识记"的方式，考试时将四个选项对比判断，通过理解题干的语境，也能答得八九不离十。但主观题没有选择项，没有框定思考的确定范围，而是要求"定性、处理"，有时案情可能和客观题相似，但出现在主观题中会无从下手，"猜"都找不到方向，更遑论落笔"写"出来。所以，我认为，主观题难点不在于"知识点"，这些知识点大家在客观题阶段都已经学过，甚至要少得多；其难点在于要根据近年来司法实践的动态、指导案例传递的信息、学术争论中高频出现的观点来切实解决纠纷。另外，商法中的很多纠纷都是没有先例的，是随着经济发展出现的"打擦边球"情况，法律并没有明确规范，这就需要同学们运用法理、基本原则、商事惯例来进行分析。总之，主观题学习时要多问几个"为什么"。

（2）多留意热点案例和典型案例。比如最高院已经发布的指导案例、法院公告中的一些裁判规则、最高院民二庭的会议纪要，还有一些再审改判的案子。从案例入手，是提高分析技能的重要方法。

（3）适当阅读有关专著或者顶级学术期刊（如《法学研究》《中国法学》《政法论坛》《法律科学》等）。这会潜移默化地培养我们解决问题的能力。期刊文章的时效性非常强，能够在顶级期刊发表，基本代表该学科当下研究的最高水平，这类期刊中的文章会有观点的碰撞和交锋，某些被争论得多的问题也很可能在法考试题中有所反映。但是，这仅仅是对学有余力、时间充裕同学的建议，切勿"以学术研究的姿态来应对一门职业资格考试"。我个人曾经从事法学期刊专职编辑多年，深知学术和考试之间的鸿沟。虽然从长远来看，深度阅读定会提高个人能力和整体水平，但如果大家备考时间紧张，应先掌握"基本盘——我们的学习包"，待通关之后再逐步提升。

（4）边学边写，学练结合。虽然主观题的知识层面强调"夯实基础、稳扎稳打"，但主观题更加侧重"写作练习"。备考时仅仅看书、听课是不够的，还要能写出一份合格的答案。建议同学们从本阶段开始即进行案例写作的练习，先从单一场景的小案例写作练习开始，过渡到"沙盘推演"的"历年真题破译"阶段，再到"采分有料"（相当于客观题119考前必背）的综合性模考案例分析阶段，其总体思路是"循序渐进、由易到难、学练结合、以练促学"。

厚大法考定会助您2023圆梦！

商经法鄢梦萱
扫一扫微博，关注萱姑

听萱姑讲商经　稳稳当当过法考

鄢梦萱
2023 年 4 月

缩略语对照表 ABBREVIATION

公司法解释（二）	最高人民法院关于适用《中华人民共和国公司法》若干问题的规定（二）
公司法解释（三）	最高人民法院关于适用《中华人民共和国公司法》若干问题的规定（三）
公司法解释（四）	最高人民法院关于适用《中华人民共和国公司法》若干问题的规定（四）
公司法解释（五）	最高人民法院关于适用《中华人民共和国公司法》若干问题的规定（五）
破产法解释（二）	最高人民法院关于适用《中华人民共和国企业破产法》若干问题的规定（二）
破产法解释（三）	最高人民法院关于适用《中华人民共和国企业破产法》若干问题的规定（三）
票据规定	最高人民法院关于审理票据纠纷案件若干问题的规定
反不正当竞争法解释	最高人民法院关于适用《中华人民共和国反不正当竞争法》若干问题的解释
担保制度解释	最高人民法院关于适用《中华人民共和国民法典》有关担保制度的解释
九民纪要	全国法院民商事审判工作会议纪要
破产审判纪要	全国法院破产审判工作会议纪要

CONTENTS

目录

第1章 ▷ 公 司 法　　　　　　　　　　　　　　　　　　　　001

第 1 讲　公司的法人性与股东有限责任原则／004

考点 1　对公司概念和"法人"特征的运用／004

考点 2　股东有限责任原则在解决公司债务纠纷中的运用／006

第 2 讲　公司的设立／009

考点 3　股东出资瑕疵和公司设立的关系／009

考点 4　设立阶段所签合同的效力以及责任承担／011

第 3 讲　股东的出资／012

考点 5　出资方式合法性的判断／012

考点 6　股东违反出资义务的常见情形／016

考点 7　对违反出资义务股东的处理／018

第 4 讲　股东的资格／024

考点 8　股东资格的取得与确认纠纷／024

考点 9　名义股东与实际出资人纠纷／026

考点 10　冒名出资的认定和处理／028

考点 11　股权无权转让的认定和责任承担／029

第 5 讲　股东的权利／031

考点 12　股东查阅复制权（知情权）／031

考点 13　股东利润分配请求权（分红权）／033

考点 14　（有限责任公司）股东转让股权的权利／035

第 6 讲　董事、监事与高级管理人员 / 039

　　考点 15　任职资格和履行职务的合法性认定 / 039

　　考点 16　对内部人损害公司利益的救济程序（股东代表诉讼）/ 042

第 7 讲　公司的组织机构 / 046

　　考点 17　组织机构的职权 / 046

　　考点 18　人员组成、任期的具体要求 / 049

　　考点 19　会议规则和表决方式 / 050

第 8 讲　公司的决议 / 052

　　考点 20　公司决议效力纠纷 / 052

　　考点 21　公司担保决议 / 055

第 9 讲　公司经营中的特殊合同 / 058

　　考点 22　关联交易 / 058

　　考点 23　股权让与担保 / 059

　　考点 24　对赌协议的效力及履行 / 060

第 10 讲　公司的资本制度、收益分配规则 / 062

　　考点 25　注册资本的变更（增资、减资）/ 062

　　考点 26　收益分配规则 / 064

第 11 讲　公司的合并分立、解散清算 / 066

　　考点 27　公司的合并和分立 / 066

　　考点 28　公司的解散 / 068

　　考点 29　公司的清算 / 071

第 12 讲　总　结 / 074

　　考点 30　公司章程 / 074

　　考点 31　公司形式变更 / 076

第 2 章 ▶ 破　产　法　　　　　　　　　　　　　080

第 13 讲　破产法中的程序问题 / 082

　　考点 32　破产案件的申请和受理程序 / 082

　　考点 33　重整程序 / 084

　　考点 34　破产清算程序 / 086

考点 35　关联企业破产案件的审理 / 088

第 14 讲　破产法中的实体问题 / 090

考点 36　破产对债务清偿、合同的影响 / 090

考点 37　保证债权的特殊规定 / 093

考点 38　涉及债务人财产的纠纷 / 096

第3章 ▶其他商事法　105

第 15 讲　公司涉及票据纠纷 / 105

考点 39　票据行为（票据记载事项）/ 106

考点 40　票据法与民法、民事诉讼程序的结合 / 111

第 16 讲　上市公司涉及《证券法》纠纷 / 116

考点 41　证券的发行、交易规则 / 116

考点 42　投资者因证券欺诈受到损失的救济途径 / 119

第 17 讲　公司涉及《保险法》纠纷 / 120

考点 43　财产保险的理赔规则 / 120

第 18 讲　合伙企业法 / 122

考点 44　合伙人 / 122

考点 45　合伙企业 / 124

第4章 ▶扩 展 知 识　127

第 19 讲　公司涉及市场规制纠纷（反不正当竞争法、反垄断法、
消费者权益保护法） / 127

考点 46　经营者的垄断行为 / 127

考点 47　经营者的不正当竞争行为 / 130

第 20 讲　公司和劳动者之间的纠纷 / 133

考点 48　劳动规章制度的合法性判断 / 133

考点 49　劳动合同的订立、履行与合同解除纠纷 / 134

第 21 讲　公司涉及知识产权纠纷 / 140

考点 50　专利侵权行为 / 140

考点 51　商标侵权行为 / 143

第1章

···公 司 法···

▶ 考情分析

近年，商法主观题均是考查"有限责任公司"的相关制度，可概括为"有限责任公司的一生一世"，但不能忽视现实中广泛存在的有限责任公司变更为股份有限公司进而成为上市公司的现象。所以我们在备考时，虽然着力的重点必然是有限责任公司，但也要适当关注股份有限公司以及上市公司的规则。本章在考点31概括介绍"公司形式变更"内容。

由于"公司"是商法主观题必考对象，我们应当先对历年曾经从哪些角度考查过该法有所了解。

考查角度	考查次数/年份	考点概述
公司的法人性与股东有限责任原则	3次/2020、2019、2016年	1. 运用公司概念和公司"法人"特征，解释股东能否直接退股、股东是否要对公司债务承担连带责任等。 2. 运用"法人性"特征，解释分公司和子公司债务清偿的不同规则。 3. 判断股东行为是否构成滥用"有限责任原则"，以及在法人人格否认诉讼中如何开列诉讼当事人。
公司的设立	3次/2021、2018、2013年	1. 股东违反设立协议关于出资的要求，是否会导致公司不能成立。 2. 发起人设立阶段签订的合同，分析其合同效力以及责任承担。
股东的出资	9次/2021、2020、2018、2016、2015、2014、2013、2012、2010年	1. 判断某股东出资方式、出资行为是否合法。 2. 结合对是否违反出资义务的定性，要求提出处理方案。

续表

考查角度	考查次数/年份	考点概述
股东的资格	7 次/2020、2019、2018、2016、2014、2013、2010 年	1. 判断在证据不充分的情形下，能否确认某人是公司股东。 2. 代持股法律纠纷。 3. 特殊情形下，如出现"被冒名""股权被无权转让"时，股东资格的认定。
股东的权利	10 次/2022、2020、2019、2018、2017、2016、2015、2013、2012、2010 年	1. 股东可以查阅复制公司文件的内容。 2. 判断公司拒绝股东查账的理由是否正当。 3. 分红权的诉讼规则，常结合考查公司分红决议的效力。 4. 股权转让的具体规则（常见如其他股东是否享有优先购买权）。 5. （有限责任公司）其他股东被损害优先购买权可采取的救济措施。
董事、监事与高级管理人员	6 次/2020、2017、2016、2014、2012、2010 年	1. 判断某人的董事或高管身份是否有效；董事或高管在公司经营中的行为是否恰当，是否要承担赔偿责任。 2. 董、监、高等内部人员损害公司利益时，从实体法角度考查股东能否提起股东代表诉讼，从程序法角度可考查股东如何提起该类诉讼（股东代表诉讼）。
公司的组织机构	4 次/2021、2020、2017、2015 年	1. 判断某项组织机构能否行使某项职权，如是否有权修改章程。常与"会议规则和表决方式"结合，判断分析公司作出的某项决议的效力。 2. 董事会、监事会的组成和任期的具体要求。
公司的决议	7 次/2022、2021、2020、2015、2013、2012、2010 年	1. 从决议内容、决议程序判断决议的效力。 2. 公司作出的担保决议是否有效？基于有瑕疵的担保决议，公司所签担保合同是否有效？
公司经营中的特殊合同	2 次/2022、2021 年	1. 关联交易合同的效力以及是否要承担赔偿责任？ 2. 和民法结合，分析股权让与担保合同以及特殊合同条款的效力（如是否构成流质流押）；分析债权人是否有权优先受偿。 3. 是否构成对赌协议以及合同履行问题。
公司的资本制度、收益分配规则	3 次/2017、2016、2015 年	1. 何时产生注册资本变更的效力？ 2. 注册资本变更时，对现有股东如何保护？ 3. 判断公司收益分配顺序和分配比例是否合法。

续表

考查角度	考查次数/年份	考点概述
公司的合并分立、解散清算	3次/2021、2017、2012年	1. 合并分立规则清晰简单，近年较少单独考查。 2. 可从实体法角度考查股东能否提起司法解散，也可从程序法角度考查其特殊的诉讼规则。 3. 公司清算的具体规则；股东在清算程序中是否对债权人承担责任。

知识框架

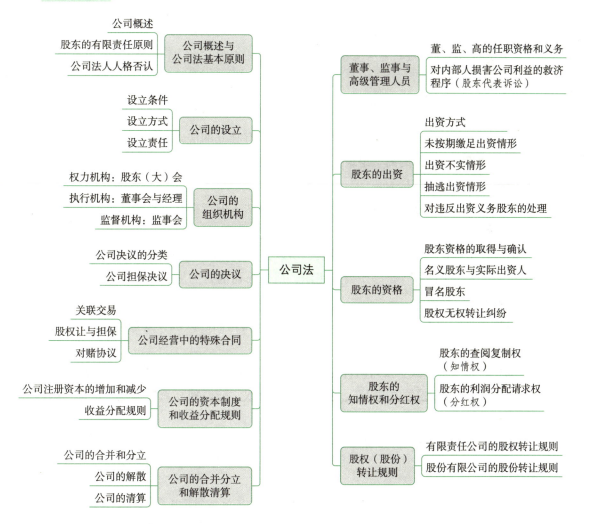

第 1 讲
公司的法人性与股东有限责任原则

😊考点 01 对公司概念和"法人"特征的运用★★

> 📌 **考查角度** 属于基础理论的运用。"法人性"常用于解释公司债务如何清偿、股东和公司的关系（如股东能否直接要求退股以退出公司）。

一、公司的概念和特征

公司，是指依照法定的条件与程序设立的、有独立的法人财产、享有独立的法人财产权、以营利为目的的商事组织。

公司的特征可以概括为：

1. 法人性。其指公司是独立法人，公司享有法人财产权，以其全部财产独立承担民事责任。

因为公司具有"独立法人"的性质，所以公司具有独立实施民事法律行为的资格。但公司毕竟是一个团体，是一个商事组织，所以公司的行为能力要依靠公司机关或其法定代表人来实现。

（1）内部实现方式：公司行为能力必须通过公司的法人机关（股东会、董事会）来形成决议；

（2）外部实现方式：公司的行为由法定代表人来实施，其后果由公司承受。

一招制敌 "公司是独立法人"，享有独立财产权，能够独立承担责任，这是理解公司制度的基础。

法条链接《公司法》第 3 条第 1 款。

🧍 迷你案例

案情：股东张某听闻萱草公司陷入经营困境，无法清偿到期债务，故要求公司返还其出资款 10 万元。

问题：张某的请求能否得到法院支持？

答案：不能。因为公司是独立法人，股东的出资款已经成为公司的独立法人财产，公司成立后股东不得抽回出资。张某可以通过行使股权的方式，如从公司取得分红，收回出资款。

2. 社团性。其指公司通常由2个或2个以上股东出资组成。（一人公司虽然只有一个股东，但它仍然是组织体，不能因为只有一个出资人而否定其"社团性"）

3. 营利性。其指公司是营利法人，以取得利润并分配给股东等出资人为目的而成立。

二、分公司和子公司债务的清偿规则

分公司和子公司债务的清偿，属于"法人性"特征的具体运用。

依据公司间关系，可分为总公司–分公司和母公司–子公司。

1. 总公司–分公司

总公司，是指依法设立并管辖公司全部组织的具有企业法人资格的总机构。

分公司，是指在业务、资金、人事等方面受总公司管辖而不具有法人资格的分支机构。

2. 母公司–子公司

母公司，是指拥有其他公司一定数额的股份或根据协议能够控制、支配其他公司的人事、财务、业务等事项的公司。

子公司，是指一定数额的股份被另一公司控制或依照协议被另一公司实际控制、支配的公司。子公司具有法人资格，独立承担民事责任。

	分公司	子公司
民事责任	分公司不具有法人资格，其民事责任由总公司承担。	子公司具有法人资格，独立承担民事责任。
诉讼主体	（1）分公司应当申请登记，领取营业执照； （2）分公司是独立诉讼主体，可为原告、被告。	（1）子公司要领取营业执照； （2）子公司是独立诉讼主体，可为原告、被告。

一招制敌 "是否为独立法人"，是区分"分公司"和"子公司"的关键。

法条链接《公司法》第14条。

 迷你案例

案情：A公司为拓宽市场，分别设立甲分公司与乙分公司。

问1：甲分公司的负责人在分公司经营范围内，当然享有以A公司名义对外签订合同的权利，该说法是否正确？

答案：正确。分公司归属于总公司，是总公司的分支机构。甲分公司在自己的经营范围内，以总公司（A公司）名义签订合同并无不妥。

问2：A公司的债权人在A公司直接管理的财产不能清偿债务时，能否主张强制执行各分公司的财产？

答案：可以。由于分公司没有独立财产权，其财产本应归属于总公司，所以当总公司（A公司）直接管理的财产不能清偿债务时，债权人主张由各分公司的财产清偿是合法的。

02 股东有限责任原则在解决公司债务纠纷中的运用★★★

⏩ 考查角度

1. 从实体法角度判断股东是否对公司债务承担连带责任，"人格混同、过度控制"常用于"公司债务纠纷"的说理部分。

2. 从程序法角度，《九民纪要》第13点明确了"法人人格否认诉讼"如何确定当事人的诉讼地位，鉴于近年"商法+民诉"有紧密结合出题的趋势，该考点的重要性不容忽视。

一、股东有限责任原则

有限责任原则，是指股东以其认缴的出资额为限（或以其认购的股份为限）对公司承担责任。该原则是公司法的基本原则，目的是解决"股东-公司-债权人"三者之间的关系，概括而言，是为了解决"公司债务如何清偿"。

该原则的要点包括：

1. 作为公司的出资人，股东除按认缴出资（认购股份）缴足出资款外，对公司的债务不承担清偿责任。

2. 股东承担有限责任的基础：认缴的出资额或认购的股份数额。（认缴出资≥实缴出资）

法条链接《公司法》第3条第2款。

 迷你案例

案情：高某与刘某组建萱草贸易有限责任公司，公司注册资本为20万元，高某与刘某各认缴出资10万元。在高某和刘某各出资5万元后，萱草公司成立并聘请陈某担任经理。

问1：萱草公司以20万元注册资本为限对萱草公司的债务负责，是否正确？

答案：错误。公司以其全部财产对公司的债务承担责任，而不是以"注册资本"为限对公司债务承担责任。

问2：高某和刘某各以实缴资本金5万元对萱草公司的债务负责，是否正确？

答案：错误。股东不是以"实缴"的数额而是以各自认缴的出资金额（10万元）对公司的债务负责。

问3：陈某对萱草公司的债务承担有限责任，是否正确？

答案：错误。陈某只是公司的经理，无需对公司债务承担责任。

二、公司法人人格否认的认定

根据前文所述，股东有限责任原则是公司法的基础，但如果出现有限责任原则保护下的股东滥用该原则，是否要固守该原则？如何矫正该原则被股东滥用导致的对债权人保护的失衡现象？随着公司实践的发展，为应对这一失衡现象，《公司法》确立了否认公司独立人格的规则，理论上称为"公司法人人格否认"或"揭开公司面纱"。

公司法人人格否认，是指公司股东滥用公司法人独立地位和股东有限责任，逃避债务，严重损害公司债权人利益的，应当对公司债务承担连带责任。

（一）股东滥用法人独立地位的情形

［情形1-人格混同］

常见场景包括：

1. 股东无偿使用公司资金或者财产，不作财务记载的，如某夫妻开的公司，丈夫将公司当作自己的钱袋子，随意提取，构成混同。

2. 股东用公司的资金偿还股东的债务，或者将公司的资金供关联公司无偿使用，不作财务记载的。

3. 公司账簿与股东账簿不分，致使公司财产与股东财产无法区分的。

4. 股东自身收益与公司盈利不加区分，致使双方利益不清的。

5. 公司的财产记载于股东名下，由股东占有、使用的。

6. 人格混同的其他情形。

一招制敌 公司是否具有独立意思和独立财产，公司的财产与股东的财产是否混同且无法区分。

［情形2-过度支配与控制］

常见场景包括：

1. 母子公司之间或者子公司之间进行利益输送的。

例如，A公司同时为甲、乙两家公司的控股股东，现因乙公司经营不善处于严重亏损，A公司遂将甲公司的业务全部转入乙公司。

2. 母子公司或者子公司之间进行交易，收益归一方，损失却由另一方承担的。

例如，A公司同时为甲、乙两家公司的控股股东，甲、乙两家公司共同研发专利，约定研发过程中成本和风险均由甲公司承担，但专利研发成功后获取的收益均由乙公司享有。

3. 先从原公司抽走资金，然后再成立经营目的相同或者类似的公司，逃避原公司债务的。

4. 先解散公司，再以原公司场所、设备、人员及相同或者相似的经营目的另设公司，逃避原公司债务的。

5. 过度支配与控制的其他情形。

一招制敌 控制股东对公司过度支配与控制，操纵公司的决策过程，使公司完全丧失独立性，沦为控制股东的工具。

[情形3-资本显著不足]

其指股东实际投入公司的资本数额与公司经营所隐含的风险相比明显不匹配。股东以较少资本从事力所不及的经营，没有从事公司经营的诚意。

例如，A公司的注册资本为10万元，但A公司对外签订购买商业大飞机的合同，合同金额高达1亿元，后因A公司无力清偿被债权人起诉。

法条链接 《公司法》第20条第3款。

迷你案例

案情：甲公司持有萱草公司70%的股份并派员担任董事长，乙公司持股30%。后甲公司将萱草公司的资产全部用于甲公司的一个大型投资项目，待债权人丙公司要求萱草公司偿还货款时，发现萱草公司的资产不足以清偿。

问1：甲公司是否对该笔债务承担清偿责任？

答案：要承担。甲公司滥用法人独立地位和股东有限责任，应承担连带清偿责任。

问2：乙公司是否对该笔债务承担清偿责任？

答案：无需承担。本案中，乙公司没有滥用法人独立地位和股东有限责任，无需对公司债务承担连带清偿责任。

（二）人格否认纠纷案件当事人的诉讼地位

1. 债权人对债务人公司享有的债权已经由生效裁判确认，其另行提起公司人格否认诉讼，请求股东对公司债务承担连带责任的，列股东为被告，公司为第三人。

2. 债权人对债务人公司享有的债权提起诉讼的同时，一并提起公司人格否认诉讼，请求股东对公司债务承担连带责任的，列公司和股东为共同被告。

3. 债权人对债务人公司享有的债权尚未经生效裁判确认，直接提起公司人格否认诉讼，请求公司股东对公司债务承担连带责任的，人民法院应当向债权人释明，告知其追加公司为共同被告。债权人拒绝追加的，人民法院应当裁定驳回起诉。

一招制敌 考虑公司和债权人的关系是否经过生效裁判确认。未确认的：公司+滥权股东为共同被告；已经确认，债权人另行提起人格否认诉讼的：股东为被告、公司为第三人。

法条链接 《九民纪要》第13点。

[总结梳理]

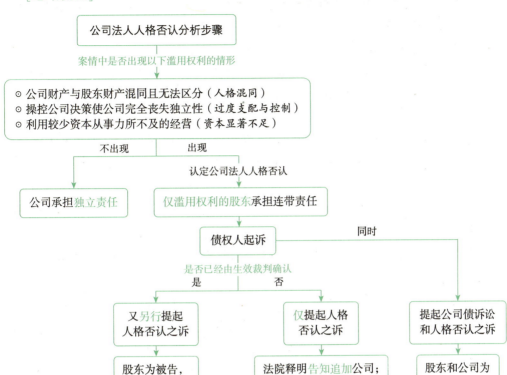

[提示]

1. 只有滥用权利的股东承担无限连带责任。

2. 只有某笔债务是滥用股东权利的，仅对该笔滥用股东权利的债务承担连带责任。对公司其他债务，仍由公司财产清偿。

3. 举证：债权人举证。例外：一人有限公司股东自证。

第2讲
公司的设立

考点03 股东出资瑕疵和公司设立的关系 ★

▶ 考查角度

1. 在公司设立的若干条件中，常见考查角度是将"股东出资瑕疵"和"公司设立"

相结合。(股东合法的出资形式、出资程序、是否构成出资瑕疵，本书将在第 3 讲详细展开)

2. **牢记**：出资瑕疵和公司设立失败没有必然关系。考试中不论如何变换案情，答案肯定只有一个：公司可以成立。所以笔者预测，单纯考查公司能否成立的概率不高，需要注意的是该出资瑕疵股东如何承担责任。

公司设立，是指公司设立人依照法定条件和程序，为组建公司并取得法人资格而必须采取和完成的法律行为。根据《公司法》的规定，设立公司需要符合法定条件，包括股东（发起人）符合法定人数，有符合规定的全体股东（发起人）认缴的出资额（认购的股本总额或者募集的实收股本总额），有符合规定的章程、名称、组织机构、住所的条件，等等。

1. 有限责任公司：设立时需有符合公司章程规定的全体股东认缴的出资额。

2. 公司能否成立和股东出资瑕疵没有直接关系。

在设立公司时，只需要有股东认缴出资额，公司即可成立。即使公司成立后，某一股东未按照出资协议履行或未全面履行出资义务，此时的处理方式是该股东应当向公司足额缴纳出资并且还应当向已按期足额缴纳出资的股东承担违约责任，而不能直接否认公司成立的有效性。因为公司设立时的社会成本已经倾注其中，如果仅因为某一股东不按照规定缴纳出资，就否定在公司登记部门登记的公司的有效性，不符合商业实践的要求。

[法条链接]公司设立条件：《公司法》第 23、76 条；未依约履行的后果：《公司法》第 28 条第 2 款。

迷你案例

案情：某高校 A、国有企业 B 和集体企业 C 签订合同决定共同投资设立一家生产性的科技发展有限责任公司。其中，A 以高新技术成果出资，作价 15 万元；B 以厂房出资，作价 20 万元；C 以现金 17 万元出资。后 C 因资金紧张截至出资期限实际出资 14 万元。(改编自 2002 年司考真题)

问题：该有限责任公司能否有效成立？为什么？

答案：可以成立。设立有限责任公司仅需有全体股东认缴的出资额，并不需要公司成立时股东就实际缴纳出资款。

本案虽然股东 C 出资违约，C 需承担补足出资等法律责任，但不能以此否定公司的有效成立。

04 设立阶段所签合同的效力以及责任承担★★

▷ **考查角度** 属于基础知识常规考点，因涉及合同，常见于民法综合考题中，考查合同效力以及谁承担合同责任。

一、设立阶段所签合同的纠纷

设立中公司，是指从筹备公司设立开始到公司领取营业执照成立这一阶段，其性质为发起人之间的合伙。

1. 公司设立阶段签订的合同效力，依据《民法典》的规定来判断。

2. 发起人为设立公司以自己名义对外签订合同，合同责任的承担规则：

（1）合同相对人请求该发起人承担合同责任的，应予支持；

（2）公司成立后合同相对人请求公司承担合同责任的，应予支持。

3. 发起人以设立中公司名义对外签订合同，合同责任承担规则：

（1）公司成立后，公司承担合同责任；

（2）公司成立后有证据证明发起人利用设立中公司的名义为自己的利益与相对人签订合同，公司可以此为由主张不承担合同责任，但相对人为善意的除外。

一招制敌 合同效力，均依据《民法典》的规定判定。合同责任："以谁之名，为谁之实（实际利益）"。

法条链接《公司法解释（三）》第2、3条；《民法典》第75条。

1. 案情：甲、乙、丙拟设立萱草商贸公司，为方便公司设立，发起人协议约定由丙负责租赁公司运营所需仓库。因公司尚未成立，丙为方便签订合同，遂以自己名义与戊签订仓库租赁合同。萱草公司成立后，迟迟未付租金。

问题：戊可以向谁主张该租金债务？

答案：戊既可以请求丙也可以请求萱草公司承担合同责任。该租赁合同虽然是以丙的名义签订，但丙签订合同的目的是方便公司设立，根据《民法典》第75条第2款的规定（或根据《公司法解释（三）》第2条的规定），合同相对人戊有权选择请求法人或者设立人承担民事责任。

2. 案情：在萱草公司筹备设立过程中，发起人向某以"萱草公司筹建处"的名义与乙厨房设备制造加工厂签订了1台烤箱的购销合同。萱草公司成立后，发现该烤箱系向某自用。

问1：假设乙厂是向某的弟弟所开办的个人独资企业，应当如何处理？

答案：萱草公司可以主张不承担合同责任。因为可推定相对人乙厂非善意。

问2：假设乙厂是善意的，应当如何处理？

答案：萱草公司承担合同责任向乙厂支付价款，然后对向某追偿。

二、设立阶段发生的侵权纠纷

发起人因履行公司设立职责造成他人损害的，责任承担规则为：

1. 公司成立后，公司承担侵权赔偿责任。

2. 公司未成立，全体发起人承担连带赔偿责任。

3. 公司或者无过错的发起人承担赔偿责任后，可以向有过错的发起人追偿。

[法条链接]《公司法解释（三）》第5条。

三、公司设立失败的责任（略）

在主观题中出现概率低，基本不会考查设立失败的情形。

第**3**讲

股东的出资

⑱考点05 出资方式合法性的判断 ★★★

> **▶ 考查角度**
>
> 1. 货币出资的规则在《公司法解释（三）》中已经明确，较为简单。但其作为一种重要的出资形式，仍需要我们掌握。
>
> 2. 常结合民法考查，首先要判断出资财产是否是"无权处分的财产"，其次要考虑受让公司能否善意取得。这是非常重要的考点。
>
> 3. 是否构成股权出资瑕疵，股权出资要满足哪些条件，是常见考查角度。
>
> 4. 以《公司法》没有列明的其他方式出资，是否有效？这需要综合判断"是否可估价，是否可转让"，可结合民法"无权处分"综合考查。

一、货币出资

1. 货币出资没有金额限制。

2. 货币出资没有来源限制。以贪污、受贿、侵占、挪用等违法犯罪所得的货币出资后取得股权的，对违法犯罪行为予以追究、处罚时，应当采取拍卖或者变卖的方式处置其股权。

3. 股东应当将货币足额存入公司在银行开设的账户。

一招制敌 货币"占有即所有"，股东出资的资金来源不影响股权的取得。

法条链接 《公司法》第27条第1款；《公司法解释（三）》第7条第2款。

案情：宋某是国有企业甲商业大楼的法定代表人，经过上级主管机构批准，2018年该国有企业改制为甲百货有限责任公司。改制计划为：将甲商业大楼资产评估后出售给包括宋某在内的企业管理层人员和职工。甲百货有限责任公司成立后分别向各认购人签发了出资证明书。2022年5月，甲百货有限责任公司被立案侦查。侦查发现：宋某在2018年改制时挪用了原甲商业大楼的资金，作为购买甲百货有限责任公司股权的出资款。（改编自2005年司考真题）

问题：宋某在2018年改制时所取得的股权是否有效？为什么？

答案：有效。股东以货币出资时，其取得股权的出资资金来源不影响股权的取得。本案虽然宋某所获股权均是挪用企业资金购买，可采取拍卖或者变卖的方式处置该股权，但不得以此否认宋某为股东的事实以及持有股权的效力。

二、非货币财产出资（实物、土地使用权）

1. 应当依法办理财产权的转移手续。（所有权换股权）

2. 股东以非货币财产出资的，应当评估作价，核实财产，不得高估或者低估作价。

3. 出资人以不享有处分权的财产出资，当事人之间对于出资行为效力产生争议的，参照《民法典》第311条关于"善意取得"的规定予以认定。

4. 不动产的交付和过户分离

（1）交付未过户：当事人可在指定的合理期间内办理权属变更手续。自其实际交付时享有相应股东权利。

（2）过户未交付：公司或者其他股东主张其向公司交付。自其实际交付时享有相应股东权利。

例如，股东张某以房屋出资：

（1）若房屋1月1日交付给公司使用，但迟至8月1日办完过户手续。张某何时享有相应股东权利？（自1月1日享有股东权）

（2）若房屋1月1日过户给公司，8月1日张某才搬离该房并交付。张某何时享有相应股东权利？（自8月1日享有股东权）

法条链接 《公司法》第27条；《公司法解释（三）》第7条第1款、第8~10条；

《民法典》第311条（善意取得）。

 迷你案例

案情：股东刘某以其从丁公司租赁的一套设备作为出资，作价8万元并已经交付给萱草公司使用。后设备租期届满，丁公司要求收回该套设备，萱草公司不同意遂产生纠纷。

问题：丁公司能否要求萱草公司返还设备？

答案：刘某的出资定性为"无权处分"，要分情况处理：

[情形1] 若萱草公司符合"善意取得"条件，设备的所有权归萱草公司，丁公司不能主张返还，但可要求刘某承担赔偿责任。

[情形2] 若萱草公司不符合"善意取得"条件，丁公司可以主张返还。刘某应当向萱草公司承担补足出资的责任。

5. 土地使用权出资

（1）用于出资的土地使用权应是未设定权利负担的土地使用权。

（2）出资人不得以划拨土地使用权出资。

（3）处理：法院应当责令当事人在指定的合理期间内办理土地变更手续或者解除权利负担。逾期未办理或者未解除的，应当认定出资人未依法全面履行出资义务。

三、股权出资

股权出资，是指出资人以其对另一公司享有的股权作为出资用以设立公司。例如，发起人张某以其持有的A房地产开发有限责任公司20%的股权，与高某共同设立萱草有限责任公司。

1. 股权出资的条件

（1）出资的股权由出资人合法持有并依法可以转让。

（2）出资的股权无权利瑕疵或者权利负担。

例如，上述张某未按期缴足对A公司的出资，则其股权有权利瑕疵。若张某因个人债务，已经将持有A公司的股权质押给债权人，则其股权有权利负担。

（3）出资人已履行关于股权转让的法定手续。

（4）出资的股权已依法进行了价值评估。

2. 股权出资瑕疵的处理

（1）股权出资出现"权利瑕疵、权利负担、未履行股权转让手续"等情形，公司、其他股东或者公司债务人请求认定出资人未履行出资义务的，人民法院应当责令该出资人在指定的合理期间内采取补正措施，以符合上述条件；逾期未补正的，人民法院应当认定其未依法全面履行出资义务。

（2）股权出资时未依法评估作价，发生纠纷，公司、其他股东或者公司债务人请求认定出资人未履行出资义务的,人民法院应当委托具有合法资格的评估机构对该财产评估作价。评估确定的价额显著低于公司章程所定价额的,人民法院应当认定出资人未依法全面履行出资义务。

一招制敌 股权出资条件＝无权利瑕疵＋无权利负担＋办理转让手续。

法条链接《公司法解释(三)》第11条。

迷你案例

案情:张某、高某等人计划设立萱草食品有限责任公司,按照公司设立协议,张某以其持有的A房地产开发有限责任公司20%的股权作为其出资。

问1:A公司章程对该公司股权是否可用作对其他公司的出资形式没有明确规定。张某能否全面履行其出资义务?

答案:能。A公司章程"没有明确规定"表明其章程并不禁止,故不影响张某将其持有的股权出资用于设立其他公司。

问2:张某以其股权作为出资设立萱草公司时,A公司的另一股东甲已主张行使优先购买权。张某能否全面履行其出资义务?

答案:不能。以股权出资需要履行关于股权转让的法定手续,即需经A公司其他股东过半数同意并且其他股东放弃优先购买权的,张某的股权才能转让给萱草公司。

问3:张某是A公司股东,按A公司章程规定应在2022年5月缴足全部出资。2020年12月,张某以其所持A公司股权的60%作为出资与高某等人共同设立萱草公司。张某出资的股权是否构成权利瑕疵?

答案:不构成。在认缴资本制下承认股东出资的期限利益,所以未届出资期限的股东不能认定为股权有瑕疵。

四、其他非货币财产出资

1. 股东不得以劳务、信用、自然人姓名、商誉、特许经营权或者设定担保的财产等作价出资。(瑕疵可以补正的,允许补正,如担保物在合理期间解除担保后,可以出资)

2. 除了上述明确禁止的出资形式外,其他可以用货币估价并可以依法转让的非货币财产,允许作价出资。

一招制敌 判断标准:可估价＋可转让。

迷你案例

案情:厚大公司成立于2013年。2022年,厚大公司将之前归其所有的甲公司的净资产,经会计师事务所评估后作价100万元用于出资设立萱草公司,这部分资产实际交付给萱草公司使用。

问题：厚大公司以净资产出资是否有效？为什么？

答案：有效。净资产尽管在我国《公司法》中没有被规定为出资形式，但《公司法》第 27 条第 1 款允许股东用可以货币估价并可以依法转让的非货币财产作价出资。

本案中，该净资产本来归厚大公司所有且经过评估作价，并且这些净资产已经由萱草公司实际占有和使用，即完成了交付，符合"可以用货币估价并可以依法转让"的要求，应当认定厚大公司履行了出资义务。

⊗考点 06 股东违反出资义务的常见情形 ★★★

> ↘**考查角度** 判断某股东出资行为是否合法。

一、未按期缴足出资

1. 未按期缴足出资，是指下列情形：

（1）股东没有按期足额缴纳公司章程中规定的各自所认缴的出资额；

（2）股东以货币出资的，没有将货币出资足额存入有限责任公司在银行开设的账户；

（3）以非货币财产出资的，没有依法办理其财产权的转移手续。

2. 未届出资期限，不能认定股东为"未按期缴足出资"。

在注册资本认缴制下，股东享有期限利益，若股东出资尚未到出资期限，不能认定股东违反了出资义务。例如，出资协议约定 2030 年缴纳完出资，则在 2023 年不能认定未足额出资的股东违约。

一招制敌 案情中"出资日期"是关键。

法条链接《公司法》第 28 条；《九民纪要》第 6 点。

二、股东出资不实

1. 出资不实，是指有限责任公司成立后，发现作为设立公司出资的非货币财产的实际价额显著低于公司章程所定价额的情形。例如，发起人高某串通资产评估机构，将 10 万元的机器设备高估为 30 万元出资。

2. 出资人以符合法定条件的非货币财产出资后，因市场变化或者其他客观因素导致出资财产贬值，该出资人无需承担补足出资责任。但是，当事人另有约定的除外。

一招制敌 是否虚假评估的判断标准：以"公司成立日或者出资日期"为标准。

法条链接《公司法》第 30 条；《公司法解释（三）》第 9、15 条。

案情：2011年，甲、乙、丙共同投资设立萱草公司，公司注册资本2000万元，其中，丙将其对A房地产开发有限责任公司所持股权折价成260万元作为出资方式，经验资后办理了股权转让手续。

2021年，A房地产公司资金链断裂，并被法院受理了破产申请。各股东包括丙的股权价值几乎为零。（改编自2012年司考真题）

问题：评价丙对萱草公司股权出资的效力。

答案：丙股权出资有效，仍然享有萱草公司的股权。

因市场变化或者其他客观因素导致股东出资财产贬值，根据《公司法解释（三）》第15条的规定，不能否定其出资效力。本案中，丙以其对A公司的股权出资时，A公司并未陷入破产并且丙已经办理了股权转让手续，符合股权出资条件。之后该部分股权贬值，并非设立萱草公司时丙虚假出资，不能否认丙出资的合法性。

三、抽逃出资

抽逃出资，是指未经法定程序将出资抽回的行为。（严格来说，抽逃出资不属于"出资"环节，因其在公司成立后抽逃，属于损害公司法人财产权。但因处理规则类似，所以本书一起介绍。）

1. 公司成立后，股东的行为符合下列情形之一且损害公司权益，可以认定该股东抽逃出资：

（1）制作虚假财务会计报表虚增利润进行分配；

（2）通过虚构债权债务关系将其出资转出；

（3）利用关联交易将出资转出；

（4）其他未经法定程序将出资抽回的行为。

2. 第三人代垫资金协助发起人设立公司，垫资人无需对股东抽逃出资承担连带责任。（2014年修正的《公司法解释（三）》取消了代垫出资人的连带责任）

法条链接《公司法解释（三）》第12条。

迷你案例

案情：萱草公司于2021年5月成立，股东罗某认为公司刚成立没有业务不需要这么多现金，便在2021年6月通过银行的朋友马某将出资款100万元转入到罗某的个人理财账户。

问题：罗某的行为是否构成抽逃出资？

答案：构成。罗某通过其银行熟人，未经法定程序将出资抽回构成抽逃出资。

⊙考点 **07** 对违反出资义务股东的处理 ★★★

> 🔍 **考查角度** 该股东是否要承担责任？对谁承担责任？如何限制该股东权利？能否将其除名？
>
> 高频考点，常结合是否违反出资义务的定性，要求考生提出处理方案。
>
> 股东出资瑕疵的处理规则，一般要从下列四个方面考虑：
>
> 1. 对公司的责任。
>
> 2. 对公司债权人的责任。
>
> 3. 对其他发起人的责任。
>
> 4. 对该股东的限权。
>
> 虽然并非每个案例均要完整回答上述四个方面内容（具体选取哪些方面来作答，要看案情和所问问题），但思考该类问题的边界通常是上述四个角度。

一、瑕疵出资股东应当承担的责任

（一）未按期缴足出资的处理

1. 对其他发起人承担违约责任。

当发起人未按期足额缴纳出资时，该出资瑕疵的发起人应当向已按期足额缴纳出资的股东承担违约责任。

[提示] 仅在未按期出资时，该股东因为违反出资协议，需要对其他守约股东承担违约责任。在出资不实、抽逃出资情形中，因损害的是公司法人财产权，但未涉及发起人之间的出资协议，故无需对其他发起人承担违约责任。

2. 对公司的责任：该股东补足+其他发起人连带。

（1）股东不按照规定缴纳出资的，公司或者其他股东可以请求该股东向公司依法全面履行出资义务；

（2）公司的发起人与该出资瑕疵股东承担连带责任。

3. 对公司债权人的责任：该股东补充赔偿+其他发起人连带。

（1）该股东在未出资本息范围内对公司债务不能清偿的部分承担补充赔偿责任。

（2）公司的发起人与该出资瑕疵股东承担连带责任。公司的发起人承担责任后，可以向被告股东追偿。

（3）股东已经承担上述责任，其他债权人提出相同请求的，人民法院不予支持。

法条链接 《公司法》第28条第2款；《公司法解释（三）》第13条第1~3款。

迷你案例

案情：某高校 A、国有企业 B 和集体企业 C 签订合同，决定共同投资设立一家科技发展有限责任公司。其中，C 以现金 17 万元出资。后 C 因资金紧张，截至出资期限只实际出资 14 万元。（改编自 2002 年司考真题）

问题：C 承诺出资 17 万元实际出资 14 万元，应承担什么责任？

答案：C 除应当向公司足额缴纳外，还应当向已按期足额缴纳出资的股东承担违约责任。

提示：本题案情未涉及公司债务清偿，所以无需回答该股东和债权人的关系。

（二）未届出资期限的处理

股东未届出资期限，不能认定为"未按期缴足出资"。

1. 原则——公司债公司还，股东不担责。

债权人请求未届出资期限的股东在未出资范围内，对公司不能清偿的债务承担补充赔偿责任的，不予支持。

在注册资本认缴制下，股东享有期限利益，"未届出资期限"时不能认定股东违反了出资义务，故该股东无需对公司债务承担清偿责任。

2. 例外——出资加速到期，股东要担责。

出现下列情形，即使股东未到出资期限，仍然要对公司债权人承担补充赔偿责任，即"出资加速到期"：

（1）公司作为被执行人的案件，人民法院穷尽执行措施无财产可供执行，已具备破产原因，但不申请破产的；（准破产）

（2）在公司债务产生后，公司股东会或股东大会决议或以其他方式延长股东出资期限的；（恶意延长）

（3）人民法院受理破产申请后，债务人的出资人尚未完全履行出资义务的，管理人应当要求该出资人缴纳所认缴的出资，而不受出资期限的限制；

（4）公司解散时，股东尚未缴纳的出资（包括尚未届满缴纳期限的出资）均应作为清算财产。

法条链接 《公司法解释（二）》第22条；《公司法解释（三）》第13条；《企业破产法》第35条；《九民纪要》第6点。

迷你案例

案情：萱草公司 2014 年召开股东会修改章程，通过"各股东新增出资的缴纳期限为 20 年"的决议。2022 年底，受经济下行形势影响萱草公司经营陷入困境。至 2023 年 5 月，萱草公司已不足以偿付 A 公司的到期债务 500 万元。

问题：A 公司能否要求萱草公司的股东对该笔债务承担补充赔偿责任？

答案：不能。在注册资本认缴制下，股东依法享有期限利益。本案股东出资尚未到期，在未出现滥用股东权时，公司作为独立法人应当对债务独立担责，不能盲目适用"股东出资加速到期"。

（三）出资不实的处理

1. 对公司的责任：该股东补足+其他发起人连带。

（1）应当由缴纳该出资的股东补足其差额。

（2）公司设立时的其他股东承担连带责任。

（3）未依法评估作价，发生纠纷的，人民法院应当委托具有合法资格的评估机构对该财产评估作价。评估确定的价额显著低于公司章程所定价额的，应当认定出资人未依法全面履行出资义务。

2. 对公司债权人的责任：该股东补充赔偿+其他发起人连带。

（1）该股东在虚假评估出资的本息范围内对公司债务不能清偿的部分承担补充赔偿责任。

（2）公司的发起人与被告股东承担连带责任。发起人承担责任后，可以向被告股东追偿。

（3）股东已经承担上述责任，其他债权人提出相同请求的，人民法院不予支持。

（4）承担资产评估、验资或者验证的机构因其出具的评估结果、验资或者验证证明不实，给公司债权人造成损失的，除能够证明自己没有过错的外，在其评估或者证明不实的金额范围内承担赔偿责任。

法条链接 股东的责任：《公司法》第30条；《公司法解释（三）》第13条第1、2款。

评估机构的责任：《公司法》第207条第3款。

迷你案例

案情：2018年1月8日萱草公司登记成立，甲的出资是一套办公家具，章程记载其价值为30万元。后经公司多方核查，该套家具在2018年1月初时值12万元，但至2021年8月时仅值8万元。

问题：甲应当承担多少金额的补足出资责任？为什么？

答案：要承担18万元的补足责任。甲在设立公司时出资的非货币财产实际价额为12万元，显著低于章程所定价额30万元，所以甲应当补足18万元。至于该财产至2021年8月再贬值，属于因市场变化或者其他客观因素导致的出资财产贬值，股东甲无需对该部分承担补足责任。

（四）抽逃出资的处理

1. 对公司的责任：该股东返还+协助者连带。

股东抽逃出资，公司或者其他股东请求其向公司返还出资本息、协助抽逃出资的其他股东、董事、高级管理人员或者实际控制人对此承担连带责任的，人民法院应予支持。

2. 对公司债权人的责任：该股东补充赔偿+协助者连带。

（1）公司债权人请求抽逃出资的股东在抽逃出资本息范围内对公司债务不能清偿的部分承担补充赔偿责任的，人民法院应予支持；

（2）公司债权人请求协助抽逃出资的其他股东、董事、高级管理人员或者实际控制人对此承担连带责任的，人民法院应予支持；

（3）抽逃出资的股东已经承担上述责任，其他债权人提出相同请求的，人民法院不予支持。

［提示］抽逃出资发生在公司成立后，因此不是"发起人之间连带"，而是协助抽逃的经营管理人或协助者承担连带责任。

[法条链接]《公司法解释（三）》第14条。

迷你案例

案情：萱草公司于2021年5月成立，股东罗某认为公司刚成立没有业务不需要这么多现金，便在2021年6月通过银行的朋友马某将出资款100万元转入到罗某的个人理财账户。

问1：马某是否要和罗某对公司承担连带责任？

答案：需要。公司账户和个人账户是分离的，罗某的出资应存入萱草公司的账户。马某是银行工作人员，对上述规定明知。罗某和马某将出资转出，共同侵犯了萱草公司的法人财产权，应当承担连带责任。

问2：萱草公司的债权人A公司得知此事后要求罗某补足出资。A公司的请求是否合法？

答案：不合法。A公司不是萱草公司的股东，无权请求罗某补足出资。因为"补足出资"是罗某向萱草公司补足，是公司内部事务。债权人A公司仅有权请求罗某对公司债务承担补充赔偿责任。

二、对瑕疵出资股东权利的限制

（一）对财产性权利的限制

1. 前提：股东未履行或者未全面履行出资义务或者抽逃出资。

2. 措施：公司可以根据公司章程或者股东会决议对其利润分配请求权、新股优先认购权、剩余财产分配请求权等股东权利作出相应的合理限制。

［提示］仅能限制"财产性"权利，不能限制"查阅复制权"等依据股东资格取得和享有的权利。

[法条链接]《公司法解释（三）》第16条。

（二）对瑕疵出资股东资格的解除

有限责任公司欲解除股东资格（即除名股东），需要满足下列条件和程序：

1. 前提

（1）有限责任公司的股东未履行出资义务或者抽逃全部出资；

（2）经公司催告缴纳或者返还，其在合理期间内仍未缴纳或者返还出资。

[提示] 股东魏某承诺一次性出资10万元，现仅出资1万元，此为"未全面履行"出资义务，可对其限权，但不可将其除名。如果魏某一分钱都没有出，此为"未履行"出资义务，既可对其限权，也可经催告后将其除名。

2. 措施

（1）公司可以股东会决议解除该股东的股东资格；

（2）公司应当及时办理法定减资程序或者由其他股东或者第三人缴纳相应的出资。

3. 在办理法定减资程序或者其他股东或者第三人缴纳相应的出资之前，公司债权人可请求相关当事人承担相应责任。

[法条链接]《公司法解释（三）》第17条。

迷你案例

案情：萱草公司出资1亿元现金入股甲公司并办理了股权登记。萱草公司总经理高某兼任甲公司董事长。2022年12月，萱草公司在高某授意下将当时出资的1亿元现金全部转入萱草公司旗下的乙公司账户用于投资房地产。其他股东得知此事后召开股东会，该次股东会未催告萱草公司返还，直接作出解除萱草公司股东资格的决议。

问题：该次股东会决议的效力如何确定？为什么？

答案：决议无效。对抽逃全部出资的股东，公司应催告其缴纳或者返还并给予该股东合理期间。本案股东会未催告股东返还但作出除名决议，属于决议内容违法，是无效决议。

（三）瑕疵股权的转让

有限责任公司的股东未履行或者未全面履行出资义务即转让股权，处理规则为：

1. 受让人对此知道或者应当知道，公司可请求该股东履行出资义务、受让人对此承担连带责任。

2. 当公司不能清偿时，公司债权人可请求该股东承担补充赔偿责任，同时可请求前述知情的受让人承担连带责任。

3. 受让人根据上述规定承担责任后，可向该未履行或者未全面履行出资义务的股东追偿。但是，当事人另有约定的除外。

[一招制敌] 判断股权是否瑕疵，关键在于"出资期限"：如果超过出资期限，可认定为"瑕疵出资股权"；如果未届出资期限，则不能认定为"瑕疵出资股权"。

[法条链接]《公司法解释（三）》第18条。

迷你案例

案情：萱草公司章程规定各股东应当在公司成立时（2010年）一次性缴清全部出资，殷某承诺出资300万元，实际支付了100万元。2022年，殷某将全部股权转让给表弟刘某。

问1：殷某是否构成瑕疵出资股权？

答案：构成。因为殷某已经超过出资期限但未缴足出资，没有全面履行自己的出资义务。

问2：殷某的上述股权能否转让？

答案：能。瑕疵出资的股权具有可转让性，《公司法》并未禁止该类股权的转让。

问3：殷某将股权进行转让的法律后果是什么？

答案：按生活经验应当推定其表弟刘某对该瑕疵出资股权转让是知情的。所以，殷某和刘某对公司以及债权人承担连带责任，刘某承担责任后有权向殷某追偿。

（四）出资不适用诉讼时效抗辩

1. 公司股东未履行或者未全面履行出资义务或者抽逃出资，公司或者其他股东请求其向公司全面履行出资义务或者返还出资，被告股东不得以诉讼时效为由进行抗辩。

2. 公司债权人的债权未过诉讼时效期间（即债权合法有效），当公司不能清偿到期债务时，债权人请求未履行出资义务（未全面履行出资义务、抽逃出资）的股东承担赔偿责任的，被告股东不得以出资义务或者返还出资义务超过诉讼时效期间为由进行抗辩。

3. 公司债权人请求股东对公司债务承担连带清偿责任，股东以公司债权人对公司的债权已经超过诉讼时效期间为由抗辩，经查证属实的，人民法院依法予以支持。

一招制敌 只要是股东，出资义务就不得免除。

法条链接 《公司法解释（三）》第19条；《九民纪要》第16点第1款。

迷你案例

1. 案情：萱草公司出资协议约定2010年缴纳完出资，但股东罗某到2021年仍未缴纳。

问题：罗某能否以超过诉讼时效为由拒绝向萱草公司缴纳出资？

答案：不能。诉讼时效解决的是公司债权人和公司之间形成的"债权债务"纠纷，而股东因出资和公司形成"股权关系"，二者性质不同。所以，未履行出资义务的股东不得以诉讼时效为由对公司要求其履行出资义务进行抗辩。

2. 案情：债权人乙对萱草公司的债权于2016年到期，但乙未要求萱草公司清偿。2021年，萱草公司陷入经营困境不能清偿。

问题：乙能否要求萱草公司的股东罗某对该笔债务承担补充赔偿责任？

答案：不能。虽然罗某未履行出资义务，但萱草公司该笔债务已经超过诉讼时效，所以罗某无需承担赔偿责任。

🏴 总结对比

	公司人格否认	股东未依法全面履行出资义务
适用情形	滥用法人独立地位，严重损害债权人利益（如人格混同）。	未按期缴足出资、出资不实、抽逃出资等情形。
是否和出资到位有关	无关。即使足额出资，但出现上述情形仍构成人格否认。	有关。股东仅在未出资本息（或抽逃出资本息）范围内承担责任。
对公司债权人的责任	滥用权利的股东承担连带责任（其他股东无需承担连带责任）。	发起人（或协助抽逃出资者）与被告股东承担连带责任。

第4讲
股东的资格

⊗考点08 股东资格的取得与确认纠纷★★★

> **考查角度**
> 1. 判断某人和公司的法律关系，能否确认某人是公司股东。
> 2. 实务中关于股东资格的认定，因为证据不充分等常有争议，属于常见高频考点。

　　股东，是指向公司出资，持有公司股份、享有股东权利和承担股东义务的人。股东可以是自然人、法人、非法人组织，还可以是国家。例如，中国黄金集团公司、中国盐业总公司，国家是出资人，享有股东权。

一、公司相关文件和股东资格的关系

　　1. 出资证明书

　　（1）有限责任公司成立后，应当向股东签发出资证明书。出资证明书性质为"证权证书"。

　　（2）出资证明书与股东资格，没有必然关系。

　　因为出资只是获得股东资格的方式之一，还可以通过转让、继承等方式取得股东资格。所以，出资瑕疵不能成为否定股东资格的理由，只要没有经合法程序剥夺该人的

股东资格（除名），其仍是公司股东。

2. 股东名册

（1）有限责任公司应当置备股东名册，记载下列事项：股东的姓名或者名称及住所、股东的出资额、出资证明书编号。

（2）股东名册是股东身份或资格的法定证明文件。记载于股东名册的股东，可以依股东名册主张行使股东权利。

3. 公司登记

（1）公司应当将股东的姓名或者名称向公司登记机关登记；登记事项发生变更的，应当办理变更登记。

（2）未经公司登记或者变更登记的，不得对抗（善意）第三人。

未经公司登记不得否定股东资格，因为公司登记只具有程序性意义，但是基于登记的公信力，该记载具有对抗效力。

〔一招制敌〕当股东身份相关证据发生冲突时，以"股东名册"记载为准。

〔法条链接〕《公司法》第32条。

二、股权归属争议的解决

1. 实务中，常会出现公司内部没有任何关于股东身份的记载，此时的股东身份认定较为复杂，需要综合案情所给条件加以判断。

例如，没有给出资人签发出资证明书，没有将出资人姓名记载于股东名册，并且公司没有办理股东变更登记。

依据《公司法解释（三）》的规定，当事人之间对股权归属发生争议，一方请求法院确认其享有股权的，应当证明以下事实之一：

（1）已经依法向公司出资或者认缴出资，且不违反法律法规强制性规定；

（2）已经受让或者以其他形式继受公司股权，且不违反法律法规强制性规定。

2. 请求确认股东资格的诉讼，应当以公司为被告，与案件争议股权有利害关系的人作为第三人参加诉讼。

3. 当事人依法履行出资义务或者依法继受取得股权后，公司未依规定签发出资证明书、记载于股东名册并办理公司登记机关登记，当事人可请求公司履行上述义务。

〔一招制敌〕请求确认享有股权，应当证明已经向公司出资或者认缴出资。

〔法条链接〕《公司法解释（三）》第21～23条。

〔迷你案例〕

案情：A公司拟增资扩股，遂与外人丙协商，由丙出资510万元占公司30%股权。丙将款项打入了A公司账户，公司会计凭证记载为"实收资本"。公司并未发给丙出资证明书，股东名册也未记载他，公司未变更公司登记中的注册资本和股东事项。之后，丙以 A 公司董事长的身份出席活动还剪彩。又多次参加公司股东会，讨论公司经营管理事宜。[改编自最高人民法院（2014）民提字第 00054 号民事判决书——万家裕、丽江宏瑞水电开发有限责任公司股东资格确认纠纷审判监督案]

问题：丙和 A 公司形成何种法律关系？

答案：丙是 A 公司股东，形成股权法律关系。

股东身份的确认应根据当事人的出资情况以及股东身份是否以一定的形式为公众所知等因素进行综合判断。本案中，丙多次参加公司股东会，讨论公司经营管理事宜，并且公司记载丙的款项为"实收资本"，即使公司没有将丙记载于"股东名册"、没有"办理变更登记"，但相关证据仍可认定丙"具有股东资格"。

考点09 名义股东与实际出资人纠纷★★★

▶ **考查角度** 三大关系：①实际出资人和名义股东的关系；②实际出资人和公司的关系；③名义股东和第三人的关系。

我国《公司法》规范的是有限责任公司的代持股关系。

名义股东（显名股东），是指登记于股东名册及公司登记机关的登记文件，但事实上并没有向公司出资的人。形式上，名义股东是公司的股东。

实际出资人（实际股东、隐名股东），是指实际出资并实际享有股东权利，但其姓名或者名称并未记载于公司股东名册及公司登记机关的登记文件的人，即公司的真实出资人。

例如，大栗拟向萱草有限责任公司出资，但因其是知名演员，为避免纠纷便与妹妹小栗签订协议，约定大栗每年支付给小栗 5000 元管理费，由小栗出面投资萱草公司，但出资款 100 万元由大栗出，并且在萱草公司的投资收益均归大栗，则大栗是实际出资人，小栗是名义股东。

一、实际出资人和名义股东的关系

1. 代持股协议的效力

有限责任公司中，实际出资人与名义出资人订立合同，约定由实际出资人出资并享有投资权益，以名义出资人为名义股东。对该合同效力发生争议的，如无法律规定的无效情形，该合同有效。

2. 投资权益归属的争议

（1）实际出资人可以其实际履行了出资义务为由向名义股东主张权利；

（2）名义股东以公司股东名册记载、公司登记机关登记为由否认实际出资人权利的，法院不予支持。

[法条链接]《公司法解释（三）》第24条第1、2款。

案情：上述代持法律关系中，萱草有限责任公司2022年向小栗（名义股东）分红3万元（此为投资收益）。

问1：大栗是否可向小栗主张返还此笔投资？

答案：可以。因为二者签订的代持协议合法，所以大栗可向小栗主张返还此笔投资。

问2：大栗可否要求萱草公司直接向自己支付此笔投资收益？

答案：不能。相对于萱草公司而言，实际出资人大栗并不具备股东资格，故不能要求萱草公司向自己支付。

二、实际出资人和公司的关系（实际出资人显名的条件）

1. ［原则］实际出资人经公司其他股东半数以上同意，可请求公司变更股东并办理公司登记机关登记。所以，实际出资人不能以实际出资的事实主张自己是公司的股东。

2. ［例外］实际出资人能够提供证据证明有限责任公司过半数的其他股东知道其实际出资的事实，且对其实际行使股东权利未曾提出异议的，对实际出资人提出的登记为公司股东的请求，人民法院依法予以支持。

[法条链接]《公司法解释（三）》第24条第3款；《九民纪要》第28点。

三、名义股东和第三人的关系

1. 名义股东处分代持股权

名义股东未经实际出资人同意，将登记于其名下的代持股权转让、质押或者以其他方式处分时：

（1）定性：名义股东处分股权的行为，定性为"有权处分"[1]。因为代持法律关系已被《公司法》所认可，并且相对于公司而言，名义股东因为记载于股东名册，可认定其是公司股东。该处法条措辞是"参照《民法典》第311条的规定处理"，说明仅是借用了"善意取得的处理"手段，但定性仍为"有权处分"。

---

〔1〕 说明：此处定性在理论上仍有争议，另一观点认为定性是"无权处分"，但2012年司考真题（2012/3/94）答案是"有权处分"，故本书采用"有权处分"观点。

（2）处理：受让人取得股东资格，需要满足"善意取得"条件。

这是为了兼顾"实际出资人"的利益，处理时仍要求受让人满足"善意取得"条件。

（3）责任：在受让人善意取得的情况下，名义股东处分股权造成实际出资人损失的，实际出资人可以请求名义股东承担赔偿责任。

法条链接 《公司法解释（三）》第25条。

迷你案例

案情：李贝是A公司股东，虽名为股东实际上是受刘宝之托代其持股，李贝向公司缴纳的100万元出资，实际上来源于刘宝。2013年3月，在其他股东的同意下，李贝将其名下股权转让给善意不知情的潘龙，并在公司登记中办理了相应的股东变更。（2014年司考真题）

问题：李贝能否以自己并非真正股东为由，主张对潘龙的股权转让行为无效？为什么？

答案：不能，该股权转让有效。

名义股东将登记于其名下的股权转让的，参照"善意取得"的规定处理。本案李贝虽为名义股东，但在对公司的关系上为真正的股东，其对股权的处分应为有权处分；股权的受让人潘龙主观上善意并办理了相应的股东变更，符合"善意取得"条件。

2. 名义股东和公司债权人的关系

（1）公司债权人有权以登记于公司登记机关的股东（即名义股东）未履行出资义务为由，请求其对公司债务不能清偿的部分在未出资本息范围内承担补充赔偿责任；

（2）名义股东承担赔偿责任后，可以向实际出资人追偿。

一招制敌 掌握"内外有别"：内部关系依据代持协议解决；在和公司的关系上，名义股东为真正的股东。

法条链接 《公司法解释（三）》第26条。

迷你案例

案情：在代持股权协议中，大萱（实际股东）承诺一次性出资10万元，小萱是名义股东，但到期后实际仅出资2万元。

问题：公司不能清偿时，谁承担补充赔偿责任？

答案：小萱（名义股东）对债权人承担赔偿责任。因为债权人无法知晓其背后的实际股东。

考点 10 冒名出资的认定和处理★

考查角度 在冒名法律关系中，分析"冒名者"与"被冒名者"和公司的关系（谁是股东？）；如果出现出资违约等情形，判断由何人承担责任。

冒名股东，是指冒用他人名义出资并将该他人作为股东在公司登记机关登记，被冒名人对此不知情。例如，大栗偷了小栗的身份证，以小栗名义设立公司，但公司实际出资和运营人均是大栗。

对冒名行为的处理：

1. 冒用他人名义出资并将该他人作为股东在公司登记机关登记的，冒名登记行为人应当承担相应责任。

2. 公司、其他股东或者公司债权人以未履行出资义务为由，请求被冒名登记为股东的承担补足出资责任或者对公司债务不能清偿部分的赔偿责任的，法院不予支持。

一招制敌 牢记"被冒名者无权无责"。

法条链接《公司法解释（三）》第28条。

案情：大栗是萱草公司的销售总经理，大栗利用在萱草公司的客户资源准备设立B公司，但为防止萱草公司发现自己的行为，大栗用原来在本单位工作但已经离职的小栗留存的身份信息等材料，将自己在B公司的股权登记在小栗名下，小栗对此毫不知情。8年后，大栗准备将在B公司的股权转让套现，但此时股权转让程序趋于严格，当地工商部门要求核验股东信息，此时小栗才发现自己被登记为B公司的股东。

问题：小栗能否以自己被登记于B公司股东名册，主张自己参与B公司股东会并进行表决？小栗是否要对B公司不能清偿的债务承担责任？

答案：小栗不能行使股东权，也无需对公司债务承担责任。

当冒用他人名义出资并将该他人作为股东在公司登记机关登记的，冒名登记行为人应当承担相应责任。本案中，大栗为冒名登记人，其和公司因出资形成股权关系，小栗为被冒名登记人，和公司未形成法律关系，故既不享有股东权利也无需承担股东义务。

考点 11 股权无权转让的认定和责任承担 ★★★

考查角度 在一股二卖法律关系中，分析谁是公司股东。（本考点要运用民法"无权处分，善意取得"的规则，考查概率大）

一、股权无权转让的认定

股权无权转让，是指股权转让后，未向公司登记机关办理变更登记，但原股东将仍登记于其名下的股权转让、质押或者以其他方式处分的行为。

例如，股东A将其股权转让给B，该次交易已完成，但公司未办理股东变更登记，该股权仍登记在 A 名下。之后，A 又将上述股权转让给了 C。

A ——— B（第一次转让已完成，B 为权利人）

|

C（第二次转让，"善意+对价+手续全"，C 为股东）

A：原股东（转让股东）
B：受让股东（是真正的权利人）
C：第二次受让人

二、股权无权转让行为的处理

1. 第二次处分行为，参照《民法典》第 311 条"善意取得制度"的规定处理。第二次受让人（C）如果符合"善意+对价+手续全"，则 C 享有股东权；如果不符合"善意取得"，则 C 不享有股东权。

2. 原股东处分股权造成受让股东（B）损失，受让股东（B）请求原股东承担赔偿责任、对于未及时办理变更登记有过错的董事、高级管理人员或者实际控制人承担相应责任的，人民法院应予支持。

3. 受让股东（B）对于未及时办理变更登记也有过错的，可以适当减轻上述董事、高级管理人员或者实际控制人的责任。

[法条链接]《公司法解释（三）》第 27 条。

迷你案例

案情：成城公司（名义股东）向中国银行借款 3000 万元，到期未偿还贷款。判决生效后，中行南郊支行向法院申请执行，冻结了成城公司名下渭南信用社 1000 万股权。

经生效判决书确认，成城公司名下渭南信用社 1000 万股份属上海华冠公司（实际股东）所有。

现华冠公司以诉争股权所有权人的身份提出执行异议，请求西安中院中止执行成城公司名下渭南信用社 1000 万股份及股息、红利，并解除对该股权的执行措施。[来源：最高人民法院（2015）民申字第 2381 号民事裁定书——中国银行股份有限责任公司西安南郊支行申请上海华冠投资有限责任公司执行人执行异议之诉]

问题：中行南郊支行是否可作为第三人对成城公司名下涉案股权向法院申请强制执行？（即实际股东华冠公司的执行异议能否得到法院支持？）

答案 1：能够得到支持。[最高人民法院（2015）民申字第 2381 号]

根据《公司法解释（三）》第 25 条第 1 款的规定，股权善意取得制度的适用主体仅限于与名义股东存在股权交易的第三人。据此，商事外观主义原则的适用范围不包括非交易第三人。

本案中，案涉执行案件申请执行人中行南郊支行并非针对成城公司名下的股权从事交易，仅仅因为债务纠纷而寻查成城公司的财产还债，并无信赖利益保护的需要。若适用商事外观主义原则，将实质权利属于华冠公司的股权用以清偿成城公司的债务，将严重侵犯华冠公司的合法权利。

所以，华冠公司的执行异议能够得到法院支持。

答案2：不能得到支持。［最高人民法院（2016）民申字3132号］

根据《公司法》第32条第3款的规定，公司股东的姓名或者名称未经登记或者变更登记的，不得对抗第三人。该款所称的"第三人"，并不限缩于与显名股东存在股权交易关系的债权人，名义股东的非基于股权处分的债权人亦应属于法律保护的"第三人"范畴。

本案中，股权代持协议仅具有内部效力，对于外部第三人而言，股权登记具有公信力，隐名股东（华冠公司）对外不具有公示股东的法律地位，不得以内部股权代持协议有效为由对抗外部债权人（中行）对显名股东（成城公司）的正当权利。

所以，实际出资人提出的案外人执行异议不能得到支持。

第 **5** 讲
股东的权利

概括而言，公司股东依法享有资产收益、参与重大决策和选择管理者等权利。

⊗考点 **12** 股东查阅复制权（知情权）★★★

> 🔻**考查角度** 股东可以查阅复制公司文件的内容；判断公司拒绝股东查账的理由是否正当。

股东有权查阅或者复制公司特定文件材料，这项权利是股东行使其他权利的基础，如果股东无法了解公司的会议记录、不掌握公司财务情况，则无法主张分红权等其他权利。但在保护股东该项知情权时，又要防止股东随意干涉公司的独立经营，给公司经营造成不必要的损害。所以，《公司法》既规定了股东的查阅复制权，又对股东行使该项权利进行了必要限制。

一、股东查阅复制权的对象

	对　　象	有限责任公司	股份有限公司
第一类	（1）公司章程； （2）股东会会议记录/董事会会议决议/监事会会议决议； （3）财务会计报告。	股东有权查阅、复制。	股东有权查阅，无权复制。
第二类	公司会计账簿。	股东有权查阅，无权复制。	股东无权查阅，无权复制。

1. 财务会计报告，是指公司资产负债表、公司财务情况说明书等文件。公司应当在每一会计年度终了时编制财务会计报告，并依法经会计师事务所审计。

2. 公司会计账簿，是指明细账、总账等，可具体直观反映公司的经营情况。

3. 公司章程、股东之间的协议等，不可实质性剥夺股东依据《公司法》的规定查阅或者复制公司文件材料的权利。

例如，某公司章程规定"不足5%表决权的股东，无权查阅复制公司相关文件"，则该章程条款无效。该公司小股东仍有查阅复制权。

二、有限责任公司股东查阅会计账簿的要求

有限责任公司的股东可以要求查阅公司会计账簿。（股份有限公司股东无权查阅会计账簿）要点为：

1. 股东应当向公司提出书面请求，说明目的。

2. 公司有合理根据认为股东查阅会计账簿有不正当目的，可能损害公司合法利益的，可以拒绝提供查阅，并应当自股东提出书面请求之日起15日内书面答复股东并说明理由。

3. "不正当目的"，是指：

（1）股东自营（或为他人经营）与公司主营业务有实质性竞争关系业务的，但公司章程另有规定或者全体股东另有约定的除外；

（2）股东为了向他人通报有关信息而查阅公司会计账簿，可能损害公司合法利益的；

（3）股东在向公司提出查阅请求之日前的3年内，曾通过查阅公司会计账簿，向他人通报有关信息损害公司合法利益的；

（4）股东有不正当目的的其他情形。

【一招制敌】公司仅可以"不正当目的"拒绝股东查账。

【法条链接】有限责任公司股东查阅权：《公司法》第33条；《公司法解释（四）》第8、9条。

三、查阅复制权诉讼

股东依法起诉请求查阅或者复制公司特定文件材料的，人民法院应当受理。该类诉讼中要注意下列要点：

1. 诉讼主体

（1）原告在起诉时需具有公司股东资格，否则法院应当驳回起诉。被告为"公司"。

（2）但是，原告有初步证据证明在持股期间其合法权益受到损害，请求依法查阅或者复制其持股期间的公司特定文件材料的除外。

【法条链接】《公司法解释（四）》第7条。

迷你案例

案情：萱草有限责任公司 2016 成立后，没有给股东发过一次红利并对外拖欠大量债务。2021 年 5 月，大栗认为公司没有前景，便将其股权卖给外人甲。2023 年 6 月，大栗在另一诉讼中得知萱草公司过去若干年经营情况非常好，但大股东兼董事长魏某隐匿营业收入并转移公司财产。

问题：大栗能否要求查阅 2021 年 5 月之后的公司会计账簿？

答案：不能。但大栗有权查阅 2021 年 5 月之前的公司账簿。

2. 赔偿责任

（1）股东行使知情权后泄露公司商业秘密导致公司合法利益受到损害，公司可请求该股东赔偿相关损失；

（2）依法辅助股东查阅公司文件材料的会计师、律师等泄露公司商业秘密导致公司合法利益受到损害，公司可请求其赔偿相关损失；

（3）董事、高级管理人员等未依法履行职责，导致公司未依法制作或者保存公司文件材料，给股东造成损失，股东可请求负有相应责任的公司董事、高级管理人员承担民事赔偿责任。

法条链接《公司法解释（四）》第 11、12 条。

考点 13 股东利润分配请求权（分红权）★★★

考查角度

1. 计算股东可以分得的红利；股东欲提起诉讼要求公司分红需要满足的条件。

2. 分红权的诉讼规则更加重要，常与之结合考查公司分红决议的效力。

一、股东分取红利的规则

1. 股东按照实缴的出资比例分取红利。但是，全体股东约定不按照出资比例分取红利的除外。

2. 股东未履行或者未全面履行出资义务或者抽逃出资，公司可以根据公司章程或者股东会决议对其利润分配请求权、新股优先认购权、剩余财产分配请求权等股东权利作出相应的合理限制。

法条链接《公司法》第 34 条；《公司法解释（三）》第 16 条。

迷你案例

案情：萱草公司注册资本 100 万元，甲、乙、丙各按 20%、30%、50% 的比例一次性缴纳出资。甲、乙缴足了出资，丙仅缴纳 30 万元。公司章程对于红利分配没有特别约定。2022 年，公司拟定分红总额为 10 万元。

问 1：2022 年分红时，丙有权分得多少？

答案：丙依据实缴出资比例 37.5% 分红。公司实缴注册资本总计为 80 万元，丙实际出资为 30 万元，则 30÷80＝37.5%。当年公司分红总额为 10 万元，则丙可获得 3.75 万元。

问 2：当年年底公司进行分红时，其他股东认为丙违反出资义务，能否取消丙当年分红资格？

答案：不能。取消丙的分红资格超出了"对股东权利作出相应的合理限制"的要求，应当按照实缴出资比例进行分红。

二、利润分配请求权的诉讼规则

1. 诉讼的前提

[原则] 需要提交有效的分红决议，法院不得判决强制分红。

（1）股东提交载明具体分配方案的股东会（大会）的有效决议，请求公司分配利润，公司拒绝分配利润且其关于无法执行决议的抗辩理由不成立的，法院应当判决公司按照决议载明的具体分配方案向股东分配利润；

（2）股东未提交载明具体分配方案的股东会（大会）决议，请求公司分配利润的，法院应当驳回其诉讼请求。

[例外] 违反法律规定滥用股东权利导致公司不分配利润，给其他股东造成损失的，法院可以判决公司分红。

2. 公司分配利润的时限

（1）分配利润的股东会（大会）决议作出后，公司应当在决议载明的时间内完成利润分配；

（2）决议没有载明时间的，以公司章程规定的为准；

（3）决议、章程中均未规定时间或者时间超过 1 年的，公司应当自决议作出之日起 1 年内完成利润分配；

（4）决议中载明的利润分配完成时间超过公司章程规定时间的，股东可以请求人民法院撤销决议中关于该时间的规定。

法条链接《公司法解释（四）》第 13~15 条；《公司法解释（五）》第 4 条。

迷你案例

案情：萱草公司于 1 月 1 日召开股东会，形成"9 月 1 日前完成本年度利润分配"的决议。但萱草公司章程中有规定"自股东会决议作出1个月内完成利润分配"。依据章程，完成利润分配的时间为2月1日前。

问题：股东魏某对此决议不满，他可采取何种救济措施？

答案：本案"股东会决议的分红时间（9月1日）"超过"章程规定时间（2月1日）"，属于"决议内容违反了章程"，性质为可撤销决议。股东可请求撤销9月1日为分红截止日，可要求按照章定时间在2月1日前完成分红。

考点 14 （有限责任公司）股东转让股权的权利 ★★★

📌 考查角度

1. 股权转让的具体规则。（常见如其他股东是否享有优先购买权？）

2.（有限责任公司）其他股东被损害优先购买权可采取的救济措施。

一、股权协议转让的规则

1. 股东之间可以相互转让其全部或者部分股权。此时，其他股东没有优先购买权。

2. 股东向股东以外的人转让股权，要符合下列要求：

（1）应当经其他股东过半数同意。例如，萱草有限责任公司共有股东11人，股东甲拟将股权转让给非股东丙，此时至少需要6人同意。

（2）应就其股权转让事项以书面或者其他能够确认收悉的合理方式通知其他股东征求同意。

（3）其他股东在接到书面通知起30日未予答复，视为其同意转让股权。

（4）其他股东半数以上不同意转让，不同意的股东应当购买该转让的股权。不购买的视为同意转让。

（5）同等条件下，股权对外转让时，其他股东享有优先购买权。（详见下文）

[原理] 有限责任公司的特征之一是"人资两合性"，是以人合性为主兼有资合性的公司。股权对外转让的结果是新股东加入。这会打破现有股东格局，会损害到现有股东的"人合性"，所以要求取得其他股东的同意，并规定了其他股东的优先购买权。同时，"资合性"要求股权可以流通，因此规定了"视为同意"的情形。这些规定既体现了"人合性"，又体现了"资合性"。

法条链接《公司法》第71条；《公司法解释（四）》第17条。

迷你案例

案情：翔叔是萱草公司的股东，在离婚协议中约定将其所持股权的50%补偿给其妻。

问题：其妻能否依据该离婚协议取得翔叔一半的股权？

答案：不能。二人基于离婚协议对股权的分割，应当比照有限责任公司股权对外转让处理。其妻能否取得翔叔的股权，需要满足萱草公司其他股东过半数同意，并不能基于离婚事实直接取得翔叔一半的股权。

二、对外转让股权的优先购买权纠纷

1. "优先购买权"仅限于"股权外部转让"。这可避免因股权转让导致外人轻易进入公司组织，破坏有限责任公司的"人合性"。

2. 优先购买权的行使规则

（1）经股东同意转让的股权，在同等条件下，其他股东可主张优先购买转让股权。

（2）"同等条件"，应当考虑转让股权的数量、价格、支付方式及期限等因素。

例如，股东甲对外转让股权，外人丙一次付清股款10万元，另一股东乙也同意支付股款10万元，但要分10期付清。本案外人丙"一次付款"比股东乙"分期付款"的条件更加有利，故乙不符合"同等条件的优先购买权"条件。

（3）其他股东中有2个或2个以上的股东都愿意受让该转让的股权的，按照如下规则处理：

❶应当通过协商确定各自受让的比例；

❷若协商不成，则按照转让时各自的出资比例行使优先购买权；

❸章程中对股权转让有不同规定的，则从其约定。

3. 无优先购买权的情形

（1）股东之间转让，其他股东无优先购买权。从前述可知，"优先购买权"是为了维护有限责任公司的"人合性"，避免因股权转让导致外人轻易进入公司组织。而股东之间转让不涉及外人问题，故此情形下其他股东没有优先购买权。

（2）转让股东反悔，其他股东无优先购买权。

"反悔"，是指转让股东在其他股东主张优先购买后，又不同意转让股权的。

此时，法院不予支持其他股东的优先购买主张，但公司章程另有规定或者全体股东另有约定的除外。其他股东可主张转让股东赔偿其合理损失。

［原理］此种情形没有新股东加入，不会损害现有股东的优先购买权，故其他股东不能强行购买转让股东的股权。

（3）继承股权，其他股东无优先购买权。

其指自然人股东死亡后，其合法继承人可以继承股东资格。

上述自然人股东因继承发生变化时，其他股东不可主张优先购买权，但公司章程另有规定或者全体股东另有约定的除外。例如，公司章程规定，"若股东死亡，其他股东对该部分股权享有优先购买权。"则该约定有效。

[提示] 死亡继承和离婚导致的股权转让，处理方式完全不同：前者其他股东无优先购买权，后者反之。

一招制敌 从保护"人合性"角度来理解优先购买权。

法条链接《公司法》第71条；《公司法解释（四）》第16~20条。

4. 损害优先购买权，其他股东的救济规则。

（1）损害优先购买权，是指股东向股东以外的人转让股权，未就其股权转让事项征求其他股东意见，或者以欺诈、恶意串通等手段，损害其他股东优先购买权。

（2）救济手段包括下列要点：

要　点	内　　　容
时间要求	①其他股东自知道或者应当知道行使优先购买权的同等条件之日起30日内主张优先购买权的，可得到法院的支持； ②自股权变更登记之日起1年内主张优先购买权的，可得到法院的支持。
救济手段 -其他股东	①其他股东可主张按照同等条件购买该转让股权； ②其他股东仅提出确认股权转让合同及股权变动效力等请求，未同时主张按照同等条件购买转让股权的，人民法院不予支持，但其他股东非因自身原因导致无法行使优先购买权，请求损害赔偿的除外。
救济手段 -外人	①股权转让合同如无其他影响合同效力的事由，应当认定有效； ②其他股东行使优先购买权的，虽然股东以外的股权受让人关于继续履行股权转让合同的请求不能得到支持，但不影响其依约请求转让股东承担相应的违约责任。

法条链接《公司法解释（四）》第21条。

迷你案例

1. 案情：2007年2月，甲、乙、丙、丁、戊五人共同出资设立北陵贸易有限责任公司。公司章程规定：公司注册资本500万元；持股比例各20%；甲、乙各以100万元现金出资，丙以私有房屋出资，丁以专利权出资，戊以设备出资，各折价100万元；甲任董事长兼总经理，负责公司经营管理；公司前5年若有利润，甲得28%，其他四位股东各得18%，从第6年开始平均分配利润……现戊不幸于2008年5月地震中遇难，其13岁的儿子幸存下来。（选自2010年司考真题）

问题：戊13岁的儿子能否继承戊的股东资格而成为公司的股东？为什么？

答案：能。

根据《公司法》第75条的规定，自然人股东死亡后，其合法继承人可以继承股东资格；但是，公司章程另有规定的除外。

本案章程对继承问题没有规定，则自然人死亡其继承人可以继承股东资格，并且《公司法》并不要求股东为完全行为能力人，故戊13岁儿子继承股东资格是合法有效的。

2. 案情：甲公司股东分别为老张（占股60%）和张子A（儿子，占股40%）。2018年2月1日，老张向张子A发出《股权转让通知书》，载明："本人自愿以15万元价格转让1%股权，30日内书面答复商定转让事宜。逾期将视为同意向他人转让。"张子A表示愿意购买但作价太高于是放弃。同年3月10日，老张与张子B（另一儿子）签订《股权转让协议一》，以15万元价格出让1%的股权并办理了股权变更登记。随后于同年10月10日，老张与张子B签订《股权转让协议二》，以60万元转让给张子B 59%的股权并办理了股权变更登记（每1%股权价格约为1万元）。老张也表示第一次股权转让价格比第二次要价高，目的是让张子B取得股东身份。[改编自江苏省高级人民法院再审（2015）苏商再提字第00068号民事判决书——吴嶽崎与吴汉民确认合同无效纠纷案]

问1：老张和张子B股权转让合同效力如何？

答案：无效。转让股东与第三人恶意串通，恶意规避法律损害其他股东的优先购买权，违反诚实信用原则，两次股权转让合同均无效。

问2：张子A可否仅主张该合同无效？是否可适用诉讼时效3年的规定？

答案：张子A不能仅主张合同无效，所以不适用诉讼时效3年的规定。

问3：张子A可以主张何种救济措施？

答案：张子A可以侵犯其股东优先购买权为由提起诉讼。

三、强制执行程序中的股权转让

其指股东不能偿还所欠债务，债权人基于生效法律文书可以请求法院强制执行该股东的股权用以清偿。要点为：

1. 法院依强制执行程序转让股东的股权时，应当通知公司及全体股东。

2. 其他股东在同等条件下有优先购买权。

3. 其他股东自法院通知之日起满20日不行使优先购买权的，视为放弃优先购买权。第三人可以通过强制执行措施受让该股权。

4. 股权因强制执行导致转让后，公司应当注销原股东的出资证明书，向新股东签发出资证明书，并相应修改公司章程和股东名册中有关股东及其出资额的记载。

5. 对公司章程的该上述修改不需再由股东会表决。

[法条链接]《公司法》第72条。

案情：老魏为萱草有限责任公司的股东，2022年5月，老魏因不能偿还百果公司的货款，百果公司向法院申请强制执行老魏在萱草公司的股权。

问1：百果公司在申请强制执行老魏的股权时，应当由谁通知萱草公司的其他股东？

答案：由法院通知。（提示：不是由债权人百果公司或者老魏通知）

问2：如在老魏股权的强制拍卖中，该股权由丁某拍定，则丁某取得老魏股权的时间如何确定？

答案：丁某取得股权的时间，应以股东名册记载为准。（提示：不是变更登记办理完毕时）

四、异议股东的股权收购请求权（纵向收购）

股东请求公司收购，是指对股东会特殊事项投反对票的股东（异议股东），可以请求公司按照合理的价格收购其股权，以此方式该股东退出公司。要点包括：

决议事项		决议效力	异议股东的救济手段
不分红决议	公司连续5年不向股东分配利润，而公司该5年连续盈利，并且符合本法规定的分配利润条件的。	该决议有效，但股东A对该决议投了反对票。	（1）先协商。 （2）再诉讼。自股东会会议决议通过之日起60日内，股东与公司不能达成股权收购协议的，股东可以自股东会会议决议通过之日起90日内向法院提起诉讼，请求公司按照合理的价格收购其股权。
合分转决议	公司合并、分立、转让主要财产的。		
公司续期决议	公司章程规定的营业期限届满（或者章程规定的其他解散事由出现），股东会会议通过决议修改章程使公司存续的。		

一招制敌 异议股东可回购情形：55合分转，该"死"不"死"改章程。

法条链接 《公司法》第74条。

第6讲
董事、监事与高级管理人员

⑩考点 15 任职资格和履行职务的合法性认定 ★★

▶ 考查角度 判断某人的董事或高管身份是否有效；董事或高管在公司经营中的行为是否恰当，是否要承担赔偿责任。

一、任职资格的合法性认定

董事、监事和高级管理人员对公司的经营管理负有重要责任，《公司法》对他们的任职资格有严格的限制性条件。这些强行性规范使得《公司法》具有一定的公法色彩。

1. 限制对象为董事、监事、高级管理人员，并不针对一般劳动者。"高级管理人员"包括公司的经理、副经理、财务负责人，上市公司董事会秘书，以及公司章程规定的其他人员。

2. 对任职资格的限制

（1）无民事行为能力人或者限制民事行为能力人，不得担任公司的董事、监事、高级管理人员。

（2）因贪污、贿赂、侵占财产、挪用财产或者破坏社会主义市场经济秩序，被判处刑罚，执行期满未逾 5 年，或者因犯罪被剥夺政治权利，执行期满未逾 5 年的人，不得担任公司的董事、监事、高级管理人员。

[一招制敌] 犯罪类型是常见陷阱。

例如，张某因重大责任事故罪被判处 3 年有期徒刑，今年年初刑满释放。张某能否担任萱草公司的董事？（可以担任。因为"重大责任事故罪"不是贪污等经济犯罪类型。）

（3）担任破产清算的公司、企业的董事或者厂长、经理，对该公司、企业的破产负有个人责任的，自该公司、企业破产清算完结之日起未逾 3 年，不得担任公司的董事、监事、高级管理人员。

（4）担任因违法被吊销营业执照、责令关闭的公司、企业的法定代表人，并负有个人责任的，自该公司、企业被吊销营业执照之日起未逾 3 年，不得担任公司的董事、监事、高级管理人员。

（5）个人所负数额较大的债务到期未清偿的，不得担任公司的董事、监事、高级管理人员。

例如，向某经营的个人独资企业欠巨额债务，现被债权人上门追讨。"上门追讨"说明向某未能清偿，他不得担任其他公司董、监、高。

[提示] 要注意"是否负有个人责任"，并要注意特殊身份，仅指董事、厂长、法代等。

3. 违反任职资格的处理

（1）公司违反上述规定选举、委派董事、监事或者聘任高级管理人员的，该选举、委派或者聘任无效；

（2）董事、监事、高级管理人员在任职期间出现上述所列情形的，公司应当解除其职务。

[法条链接]《公司法》第 146 条。

[迷你案例]

案情：2020 年萱草公司股东会讨论董事人选：①张某，曾担任一家长期经营不善、负债累累的纺织厂的厂长，上任仅 3 个月该纺织厂被宣告破产；②李某，李某与他人共同投资设立甲有限责任公司，持股 70%，甲公司因违法被吊销营业执照。

问题：上述人员是否可以担任萱草公司的董、监、高？

答案：张某可担任，任职仅3个月难以说明张某对纺织厂的破产"负有个人责任"；李某可担任，李某身份为股东，并非经营管理人员。

二、履行职务的合法性认定

1. 共同义务

因为董事、高级管理人员可决定公司生产经营决策，监事负有重要的监管职责，所以《公司法》要求董事、监事、高级管理人员应当遵守法律、行政法规和公司章程，对公司负有忠实义务和勤勉义务。

2. 董事、高级管理人员（不含"监事"，因监事无经营权）在经营中，不得有下列行为：

（1）挪用公司资金。

（2）将公司资金以其个人名义或者以其他个人名义开立账户存储。

（3）违反公司章程的规定，未经股东（大）会或者董事会同意，将公司资金借贷给他人或者以公司财产为他人提供担保。

（4）违反公司章程的规定或者未经股东（大）会同意，与本公司订立合同或者进行交易。例如，魏某将自家生产的大豆、玉米等产品高价销售给自己当总经理的萱草快餐公司。

（5）未经股东（大）会同意，利用职务便利为自己或者他人谋取属于公司的商业机会，自营或者为他人经营与所任职公司同类的业务。例如，萱草快餐公司的总经理魏某，自己又开了一家"城南香"快餐连锁店，这构成和萱草公司同业竞争。

（6）接受他人与公司交易的佣金归为己有。

（7）擅自披露公司秘密。

（8）违反对公司忠实义务的其他行为。

3. 违反义务的主体应当承担的责任

（1）董事、高级管理人员违反上述规定所得的收入应当归公司所有；

（2）董事、监事、高级管理人员执行公司职务时违反法律、行政法规或者公司章程的规定，给公司造成损失的，应当承担赔偿责任；

（3）若公司拒绝起诉或者怠于起诉，则会引发股东代表诉讼。

法条链接 《公司法》第147~149条。

迷你案例

案情：萱草有限责任公司的章程规定，金额超过10万元的合同由董事会批准。翔叔是萱草公司的总经理。因公司业务需要车辆，翔叔便将自己的轿车租给萱草公司，并约定年租金15万元。后翔叔要求公司支付租金，股东们获知此事，一致认为租金太高，不同意支付。

问题：租车合同是否有效？萱草公司能否拒绝支付租金？

答案：合同有效，萱草公司有权拒付租金。

当违反章程规定或者未经股东会同意时，董事、高级管理人员与本公司订立合同或者进行交易的，所得的收入应当归公司所有。本案既然公司有权取得翔叔从公司得到的租金收入，那么萱草公司拒绝支付租金，二者效果相同。

或问：关于本案，应当如何处理？

答案：萱草公司有权拒付租金，董事会可以解聘翔叔。

《公司法》第148条第1款第5项规定了董事、高级管理人员在经营中禁止未经许可的"自我交易"行为，违反者所得收入归属公司，故本案萱草公司有权拒绝支付租金，若给公司造成损失的，该董事或高级管理人员应当承担赔偿责任。并且是否解聘高级管理人员是董事会的职权，所以本案萱草公司董事会可采取的措施包括解聘翔叔。

⑯考点 **16** 对内部人损害公司利益的救济程序（股东代表诉讼）★★★

> ▶**考查角度** 从实体法角度可考查股东能否提起该类诉讼，从程序法角度可考查股东如何提起该类诉讼，尤其要注意其特殊的诉讼规则。（本考点涉及商法与民事诉讼法的结合考查，是综合类主观题的好素材）

股东代表诉讼，又称派生诉讼、股东代位诉讼，是指当公司的合法权益受到内部人不法侵害而公司却怠于起诉时，股东以自己的名义起诉，所获赔偿归于公司的一种诉讼制度。它赋予了股东为公司利益而以自己的名义直接向法院提起诉讼的权利。

一、诉讼原因（股东能否提起该类型诉讼）

1. 董事、监事、高级管理人员执行公司职务时违反法律、行政法规或者公司章程的规定，给公司造成损失的，应当承担赔偿责任。公司没有提起诉讼的，符合条件的股东可以提起股东代表诉讼。

2. 关联交易损害公司利益，公司可请求控股股东、实际控制人、董事、监事、高级管理人员赔偿所造成的损失。公司没有提起诉讼的，符合条件的股东可以提起股东代表诉讼。

3. 关联交易合同存在无效、可撤销或者对公司不发生效力的情形，公司没有起诉合同相对方的，符合条件的股东可以提起股东代表诉讼，起诉合同相对方。

［原理］上述情形，行为人往往控制公司或者对公司决策能够产生重大影响，公司本身很难主动主张赔偿责任。所以，法律明确股东提起代表诉讼，给中小股东提供了

追究相关人责任、保护公司和自身利益的武器。

例如，翔叔是萱草公司的董事长和法定代表人。未经股东会同意也未有章程规定，擅自将自己一辆10万元的轿车以100万元的价格出售给萱草公司。该笔交易中，萱草公司利益受到损害，本来应该是萱草公司为原告，翔叔（法定代表人）为原告方诉讼代表人，但该案被告恰恰是董事长翔叔。一般情形下，翔叔不会"自己告自己"。所以当公司受到内部人（如董、监、高）侵害时，公司很难主张赔偿。

法条链接 《公司法》第149、151条；《公司法解释（五）》第1、2条。

案情：大翔为甲有限责任公司的经理，利用职务之便为其弟弟小翔经营的乙公司谋取本来属于甲公司的商业机会，致甲公司损失50万元。甲公司小股东飞侠欲通过诉讼维护公司利益。

问题：股东飞侠可以采取何种措施？

答案：可提起股东代表诉讼。公司利益受到董事、高管等人损害时，公司股东依照法定程序有权提起股东代表诉讼。

二、股东代表诉讼的诉讼规则（股东如何提起该类型诉讼)

（一）前置程序

[原理] 由于是公司利益受损，并非股东利益直接受损，所以股东原则上不能直接向法院起诉。

[规则] 出现上述情形，符合条件的股东应当先向公司有关部门提出请求，请求公司向法院提起诉讼，这就是股东代表诉讼的前置程序。为了达到股东向公司的请求更加有效的目的，《公司法》采用"交叉请求"规则。

1. 董事、高级管理人员损害公司利益的，符合条件的股东可以书面请求监事会（或不设监事会的有限责任公司的监事）向法院提起诉讼。

2. 监事或其他人损害公司利益的，符合条件的股东可以书面请求董事会（或不设董事会的有限责任公司的执行董事）向法院提起诉讼。

3. 一般情况：股东没有履行该前置程序的，应当驳回起诉。

4. 例外情况：如果查明的相关事实表明，在股东向公司有关机关提出书面申请之时，根本不存在公司有关机关提起诉讼的可能性，法院不应当以原告未履行前置程序为由驳回起诉。

例如，董、监、高联合损害公司利益，股东无论向哪一方提出请求均不可能推动公司提起诉讼。

法条链接 《公司法》第151条；《九民纪要》第25点。

（二）诉讼规则

当股东向公司有关部门提出请求，请求公司向法院提起诉讼，此时会产生两种结果：

1. 公司相应机关（董事会、监事会等）接受股东请求，对董事、高级管理人员或监事提起诉讼。

（1）原告为公司，监事会主席（或不设监事会的有限责任公司的监事代表）、董事长（或不设董事会的有限责任公司的执行董事）代表公司进行诉讼。

（2）被告为侵权人。如损害公司利益的董事、高管、关联合同相对方。

2. 公司相应机关没有接受股东上述书面请求。

公司相应机关（董事会、监事会等）收到股东书面请求后拒绝提起诉讼，或者自收到请求之日起 30 日内未提起诉讼，或者情况紧急、不立即提起诉讼将会使公司利益受到难以弥补的损害的：

（1）原告为股东。股东有权为了公司的利益以自己的名义直接向法院提起诉讼。

	有限责任公司	股份有限公司
原告资格	股东没有持股比例、持股时间的要求。	股东要满足"连续 180 日以上单独或者合计持有公司 1%以上股份"的条件。（180 日+1%）
时间要求	①起诉时具有股东资格。被告以行为发生时原告尚未成为公司股东为由抗辩该股东不是适格原告的，法院不予支持。例如，2021 年 8 月 A 咖啡公司因为董事、高管等组织虚假交易的不正当竞争行为被市场监督管理总局罚款 4000 万元，但 A 公司未追究相关责任人。2022 年 6 月，张某通过购买原大股东的股权成为 A 公司股东，此时张某有权提起股东代表诉讼。②一审法庭辩论终结前，其他适格股东以相同的诉讼请求申请参加诉讼的，应当列为共同原告。	

（2）被告为侵权人。

（3）公司为第三人。

3. 股东代表诉讼中，原告股东和被告达成和解，该调解协议需要公司股东会或董事会决议通过。

4. 胜诉利益归属于公司。股东请求被告直接向其承担民事责任的，不予支持。

［原理］公司是实质上的受害人，股东仅为"形式上的原告"，并非股东利益受损。

5. 诉讼请求部分或者全部得到法院支持的，公司应当承担股东因参加诉讼支付的合理费用。

［原理］在前述"交叉请求的前置规则"中我们知道，股东需要先向公司有关机关提出"请求"，在被拒绝等情形下，股东才能提起代表诉讼，这说明公司并不希望提

起该诉讼。所以，如果股东败诉，股东支出的调查费、评估费、公证费等费用均是股东自行承担。

6. 反诉

（1）符合"反诉"：股东代表诉讼中，被告可以原告股东恶意起诉侵犯其合法权益为由提起反诉；

（2）不符合"反诉"：股东代表诉讼中，被告以公司在案涉纠纷中应当承担侵权或者违约等责任为由对公司提出的反诉，不符合反诉的要件。

[法条链接]《公司法》第151条；《公司法解释（四）》第23～26条；《九民纪要》第24、26点。

迷你案例

案情：甲与乙分别出资60万元和240万元共同设立新雨有限责任公司，由乙任执行董事并负责公司经营管理，甲任监事。乙同时为其个人投资的东风公司的总经理，东风公司需要租用仓库，乙擅自决定将新雨公司的一处房屋以低廉的价格出租给东风公司。甲知悉上述情况后，向乙提议召开一次股东会以解决问题，乙以业务太忙为由迟迟未答应开会。

（选自2007年司考真题）

问题：针对乙将新雨公司的房屋低价出租给东风公司的行为，甲可以采取什么法律措施？

答案：本案乙作为执行董事，擅自将公司房屋低价出租损害了公司利益，但这并非股东甲的个人利益受损。甲是公司股东同时是唯一监事，可行使监事职权，甲为了维护新雨公司利益，既可以监事身份作为公司的诉讼代表人提起诉讼（公司为原告，甲为诉讼代表人），也有权以自己的名义为了公司的利益提起股东代表诉讼（甲为原告，公司为第三人）。

[总结梳理]

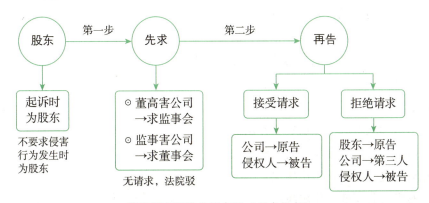

股东代表诉讼分析步骤（股东视角）

第7讲
公司的组织机构

公司的组织机构，又可称为公司的治理结构，包括股东会、监事会、董事会及其聘用的经理。本讲内容主要包括三类组织机构的职权、组成、会议规则等。

[提示] 本讲只介绍有限责任公司的组织机构。

考点 17　组织机构的职权 ★★

> ▣ 考查角度
> 1. 判断作出某项决议的主体是否合法，如董事会修改章程，则超越了其职权。
> 2. 该考点常与下文"会议规则和表决方式"结合考查。

一、股东会的职权

股东会是有限责任公司的权力机构，具有下列职权：

1. 人事权（和其他组织机构的关系）

（1）选举和更换非由职工代表担任的董事、监事并决定其报酬；

（2）审议批准董事会的报告、监事会或监事的报告。

2. 经营决策权（宏观战略）

（1）决定公司的经营方针和投资计划；

（2）审议批准年度财务预算方案、决算方案；

（3）审议批准利润分配方案和弥补亏损方案。

3. 重大事项决议权

（1）对修改公司章程作出决议；

（2）对增加或者减少注册资本作出决议；

（3）对公司合并、分立、解散作出决议；

（4）对变更公司形式作出决议；

（5）对发行公司债券作出决议。

4. 公司章程规定的其他职权。

[法条链接] 有限责任公司：《公司法》第37条第1款。

二、董事会及经理的职权

（一）董事会的职权

董事会是公司的业务执行机关，享有业务执行权和日常经营的决策权，具体职权包括：

1. 和其他组织机构的关系

（1）召集股东会会议，执行股东会的决议，并向股东会报告工作；

（2）决定聘任或者解聘公司经理及其报酬事项；

（3）根据经理的提名决定聘任或者解聘公司副经理、财务负责人及其报酬事项。

2. 经营决策权（具体事务）

（1）决定公司的经营计划和投资方案。例如，公司的年度/季度/月度经营规划；和A公司签订50万元投资合同。

（2）制定公司的基本管理制度。

（3）决定公司内部管理机构的设置。

3. 负责制订下列方案：（提议权）

（1）公司的年度财务预算方案、决算方案；

（2）公司的利润分配方案和弥补亏损方案；

（3）公司增加或者减少注册资本以及发行公司债券的方案；

（4）公司合并、分立、解散或者变更公司形式的方案。

［提示］制订≠制定。制订≈创制、草拟、提出方案，但没有决定权。

4. 公司章程规定的其他职权。

法条链接《公司法》第46条。

迷你案例

案情：小翔任A公司董事长，大翔为B公司执行董事，现A公司、B公司章程无特别规定。

问题：小翔是否有权决定聘任小敏为公司总经理？大翔是否有权决定聘任大敏为公司总经理？

答案：（1）小翔无权。总经理职位属于高级管理人员范围，应当由董事会决定聘任，而非董事长个人决定。

（2）大翔有权。"执行董事"说明公司无董事会，执行董事可行使董事会职权，故大翔可决定聘任高级管理人员。

（二）经理的职权

1. 和其他组织机构的关系

（1）经理由董事会决定聘任或者解聘，对董事会负责；

（2）董事、高级管理人员**不得兼任监事**；（高级管理人员，是指公司的经理、副经理、财务负责人，上市公司董事会秘书和公司章程规定的其他人员）

（3）主持公司的生产经营管理工作，组织实施董事会决议；

（4）组织实施公司年度经营计划和投资方案；（即组织实施董事会的方案）

（5）列席董事会会议；

（6）行使董事会授予的其他职权。

2．人事权

（1）提请聘任或者解聘公司副经理、财务负责人；（提议权）

（2）决定聘任或者解聘除应由董事会决定聘任或者解聘以外的负责管理人员。（聘中层）

［提示］经理不能直接聘任副经理、财务负责人。

3．对公司具体事务的管理权

（1）拟订公司内部管理机构设置方案；

（2）拟订公司的基本管理制度；

（3）制定公司的具体规章，如劳动纪律。

公司章程对经理职权另有规定的，从其规定。

法条链接《公司法》第49条。

三、监事会的职权

监事会专司监督职能，其对股东会负责并向其报告工作，其具体职权包括：

1．和公司的关系

（1）检查公司财务；

（2）发现公司经营情况异常，可以进行调查；

（3）必要时，可以聘请会计师事务所等协助其工作，费用由公司承担；

（4）监事会行使职权所必需的费用，由公司承担。

2．和股东会的关系

（1）提议召开临时股东会会议；

（2）向股东会会议提出提案。

3．和董事、高管的关系

（1）对董事、高级管理人员执行公司职务的行为进行监督，对违反法律、行政法规、公司章程或者股东会决议的董事、高级管理人员提出罢免的建议；

（2）当董事、高级管理人员的行为损害公司的利益时，要求其予以纠正；

（3）当董事、高级管理人员损害公司利益时，接受股东的请求，对董事、高级管理人员提起诉讼；

（4）列席董事会会议，并对董事会决议事项提出质询或者建议。

法条链接 《公司法》第53、54条，第118条第2款。

迷你案例

案情：刘昌担任公司董事长，钱顺担任总经理并兼任监事。刘昌与钱顺爆发严重冲突，后发生了钱顺以监事身份罢免刘昌董事长职位的情况。

问题：钱顺以监事身份罢免刘昌董事长职位的做法是否合法？为什么？

答案：不合法。根据《公司法》第53条第2项的规定，监事对公司董事只有罢免建议权，而无决定权。本案中，钱顺的身份为监事，他仅可建议但无权罢免董事，因此刘昌的董事长地位不受影响。

18 人员组成、任期的具体要求★★★

▶ 考查角度　考查记忆的准确性，难度较低。新增知识为"无因解除规则"。

一、董事会的组成和任期

1. 人数

（1）有限责任公司董事会人数为3～13人；

（2）股东人数较少或者规模较小的有限责任公司：可以不设立董事会，设1名执行董事，执行董事可以兼任公司经理。（但公司可以设立董事会，法律不禁止）

2. 组成

（1）非由职工代表担任的董事，由股东会选举和更换；

（2）两个以上的国有企业或者其他两个以上的国有投资主体投资设立的有限责任公司，其董事会成员中应当有公司职工代表；（仅限"国有有限责任公司"）

（3）董事会中的职工代表，由公司职工通过职工代表大会、职工大会或者其他形式民主选举产生；

（4）董事会设董事长1人，可以设副董事长，产生办法由公司章程规定。

3. 任期

（1）董事任期由公司章程规定，但每届任期≤3年。董事任期届满，连选可以连任。

（2）董事任期届满未及时改选，或者董事在任期内辞职导致董事会成员低于法定人数的，在改选出的董事就任前，原董事仍应当依照法律、行政法规和公司章程的规定，履行董事职务。

例如，公司董事共有11人，现董事A在任期内辞职→辞职走人，无需履职；A任期届满，恰逢新冠肺炎疫情，公司未能召开股东会改选，A仍要履行董事职务。

一招制敌 ①到期+新人到位前=要履职；②到期前+低于法定人数+新人到位前=要履职。

4. 无因解除

（1）董事任期届满前，被股东（大）会有效决议解除职务，该解除发生法律效力；

（2）董事职务被解除后，因补偿与公司发生纠纷提起诉讼的，法院应当依据法律、行政法规、公司章程的规定或者合同的约定，综合考虑解除的原因、剩余任期、董事薪酬等因素，确定是否补偿以及补偿的合理数额。

[原理] 理论上认为，公司与董事之间为"委托关系"，合同双方均有任意解除权，即公司可以随时解除董事职务，无论任期是否届满，董事也可以随时辞职。委托合同——双方同权。

二、监事会的组成和任期

1. 股东人数较少或者规模较小的有限责任公司，可以不设立监事会，设1~2名监事，行使监事会的职权。

2. 监事会成员不得少于3人，包括：

（1）股东代表。由股东会选举和更换。

（2）职工代表。由职工民主选举产生，职工代表的比例≥1/3，具体比例由公司章程规定。

（3）监事会设主席1人，由全体监事过半数选举产生。

3. 董事、高级管理人员不得兼任监事。

4. 任期

（1）监事的任期法定，每届为3年。监事任期届满，连选可以连任。

（2）监事任期届满未及时改选，或者监事在任期内辞职导致监事会成员低于法定人数的，在改选出的监事就任前，原监事仍应当履行监事职务。

法条链接 《公司法》第51、52条。

考点 **19** 会议规则和表决方式 ★★★

▶ **考查角度**

1. 常和下文"公司的决议"结合，分析某项决议因为会议召集程序或表决方式瑕疵，该项决议效力如何。

2. 较少单独出题，但该知识点是判断决议效力的必要前提，作为决议效力的说理部分，考查概率很大。

一、股东会的会议规则

1. 提议人

下列主体有权提议召集股东会：

（1）代表 1/10 以上表决权的股东；

（2）1/3 以上的董事；

（3）监事会（或者不设监事会的公司的监事）。

[法条链接]《公司法》第 39 条第 2 款。

2. 召集程序

（1）有限责任公司股东会会议应于召开 15 日以前通知全体股东；但是，公司章程或全体股东另有约定的除外。（股份有限公司，略）

（2）股东会会议不得对通知中未列明的事项作出决议。

3. 召集规则

［第 1 步］有限责任公司设立董事会的，股东会会议由董事会召集，董事长主持；董事长不能履行职务或者不履行职务的，由副董事长主持；副董事长不能履行职务或者不履行职务的，由半数以上董事共同推举 1 名董事主持。有限责任公司不设董事会的，股东会会议由执行董事召集和主持。

［第 2 步］董事会或者执行董事不能履行或者不履行召集股东会会议职责的，由监事会或者不设监事会的公司的监事召集和主持。

［第 3 步］监事会或者监事不召集和主持的，代表 1/10 以上表决权的股东可以自行召集和主持。

4. 会议召集不可诉

股东请求判令公司召开股东（大）会的：

（1）法院应当告知其按照《公司法》规定的程序自行召开。股东坚持起诉的，法院应当裁定不予受理。

（2）法院已经受理的，裁定驳回起诉。

[法条链接]《公司法》第 40、41 条；《九民纪要》第 29 点。

二、会议的表决规则

表决规则，是指在股东会讨论某一议案时，确定何种情况为议案通过，何种情况不能通过的规则。

1. 有限责任公司股东会会议由股东按照出资比例行使表决权；但是，公司章程另有规定的除外。

例如，高某出资比例为80%，章程无规定时，高某一人的表决权为80%，其他所有股东的表决权为20%。

2. 一般事项：议事方式和表决程序，除《公司法》有规定的外，由公司章程规定。如更换董事的表决、分配利润的表决。

3. 重大事项：股东会会议作出修改公司章程、增加或者减少注册资本的决议，以及公司合并、分立、解散或者变更公司形式的决议，必须经代表2/3以上表决权的股东通过。

一招制敌 特别表决权：章程资本合分散，变更形式667。

法条链接《公司法》第42、43条。

4. 股东认缴的出资未届履行期限，未缴纳部分的出资是否享有以及如何行使表决权：

（1）应当根据公司章程来确定。

（2）公司章程没有规定的，应当按照认缴出资的比例确定。

（3）如果股东（大）会作出不按认缴出资比例而按实际出资比例或者其他标准确定表决权的决议，该决议效力判定规则如下：

［规则1］该决议符合修改公司章程所要求的表决程序，即经代表2/3以上表决权的股东通过，则该"表决"决议有效。

［规则2］该决议没有经代表2/3以上表决权的股东通过（也就是不符合修改章程的要求），则该"表决"决议无效。

法条链接《九民纪要》第7点。

第8讲

公司的决议

考点 20 公司决议效力纠纷 ★★★

▷ 考查角度 从决议内容、决议程序判断决议的效力。（本考点中涉及的公司决议效力纠纷在近年司法实务中常有发生，且判断标准不统一、不清晰，所以一直是商法主观题青睐的考点）

公司的决议，可分为"决议不成立""有效决议""无效决议""可撤销决议"等情况。

一、不成立的决议

1. 存在下列情形之一，当事人可主张决议不成立：

（1）公司未召开会议的，但依据《公司法》第37条第2款或者公司章程规定可以不召开股东会或者股东大会而直接作出决定，并由全体股东在决定文件上签名、盖章的除外；（未开会）

（2）会议未对决议事项进行表决的；（未表决）

（3）出席会议的人数或者股东所持表决权不符合《公司法》或者公司章程规定的；（相当于未开会）

（4）会议的表决结果未达到《公司法》或者公司章程规定的通过比例的；（相当于未表决）

（5）导致决议不成立的其他情形。

一招制敌 均为程序重大瑕疵，该瑕疵导致决议没有达到法定最低合意。

2. 分析决议的第一步，是首先判断该决议是否成立，若不成立，则"效力"无从谈起。

一招制敌 第一步看决议是否成立；第二步再看决议的效力。

法条链接 《公司法解释（四）》第5条。

二、已经成立的决议，对其效力的分类

已经成立的决议，依据内容和会议程序可划分为"有效决议""无效决议""可撤销决议"。

1. 有效决议

（1）决议内容合法，并且作出决议的程序合法；

（2）决议程序轻微瑕疵的，决议有效不可撤销，即会议召集程序或者表决方式仅有轻微瑕疵，且对决议未产生实质影响的，股东不可请求撤销该决议。

2. 无效决议

其指决议内容违反法律、行政法规而无效。例如，公司股东会决议分配本年度利润时，未弥补上年度亏损，未纳税，未提取法定公积金，直接向股东分红。该决议因为"内容违反《公司法》强行性规定"，是无效决议。

3. 可撤销决议

由股东决定是否行使撤销权，具体包括下列情形：

（1）会议的召集程序、表决方式违法或违反章程；

（2）决议的内容违反章程。

一招制敌 从"决议内容""决议程序（会议召集程序、表决方式）"两方面判断。

法条链接 《公司法》第22条；《公司法解释（四）》第4条。

迷你案例

案情：甲公司有三位股东 A、B、C，三人组成董事会。章程规定：董事会享有解聘经理等职权；董事会须由 2/3 以上的董事出席；董事会决议由占全体股东 2/3 以上的董事表决通过有效。某日公司召开董事会，三位董事均出席，会议形成了"鉴于总经理 B 不经董事会同意私自动用公司资金在二级市场炒股，造成巨大损失，现免去其总经理职务，即日生效"的决议。该决议由 A、C 签名，B 未在该决议上签名。经查，B 私自炒股事实存在重大偏差。(改编自最高人民法院指导案例 10 号：李建军诉上海佳动力环保科技有限责任公司公司决议撤销纠纷案)

问题：甲公司董事会解聘 B 经理职务的决议是否有效？

答案：有效。本案决议内容是"董事会解聘总经理职务"，该内容本身并不违反公司章程，也不违反《公司法》的规定。并且该次会议召集程序、表决方式均无明显瑕疵，所以该项决议是有效决议。

三、关于决议效力的诉讼

1. 诉讼当事人

	不成立决议	无效决议	可撤销决议
原 告	包括股东、董事、监事	包括股东、董事、监事	起诉时具有股东资格。 自决议作出之日起 60 日内，可请求法院撤销。法院可以应公司的请求，要求股东提供相应担保。
被 告	公 司	公 司	公 司

2. 和相对人的关系

决议被法院判决确认撤销或者无效的，公司依据该决议与善意相对人形成的民事法律关系不受影响。

法条链接《公司法》第 22 条第 2、3 款；《公司法解释（四）》第 1~3、6 条。

[总结梳理]

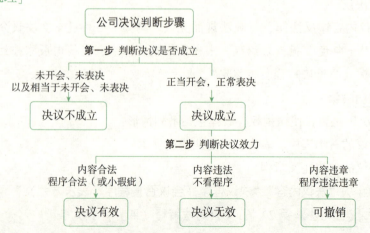

考点 21 公司担保决议 ★★★

> ▶ **考查角度** 判断公司作出的担保决议是否有效；基于有瑕疵的担保决议，分析公司所签担保合同的效力。（本考点是非常重要的考点，要全面掌握）

一、公司担保决议程序

	非关联担保	关联担保
概 念	公司向其他企业投资或者为他人提供担保。	公司为本公司股东或实际控制人提供担保。
决议机构	依照章程的规定，由股东（大）会或者董事会决议。	（1）必须经股东（大）会决议； （2）并且，该项表决由出席会议的其他股东所持表决权的过半数通过。（即排除利害关系股东的表决权）

[原理] 担保行为不是法定代表人所能单独决定的事项，除下文例外情况外，要以公司机关的决议作为担保授权的基础和来源。

二、越权担保的处理

（一）一般情形

越权担保，是指公司的法定代表人违反上述公司担保决议的程序规定，超越权限代表公司与相对人订立担保合同。

1. 相对人善意

（1）担保合同对公司发生效力。

（2）公司承担担保责任。

（3）"善意"，是指相对人有证据证明已对公司决议进行了合理审查。

此处"合理审查"，是指债权人对决议内容的审查一般限于"形式审查"，只要求尽到必要的注意义务即可。

2. 相对人非善意

（1）担保合同对公司不发生效力；

（2）公司承担赔偿责任；（即主合同有效而第三人提供的担保合同无效，债权人与担保人均有过错的，担保人承担的赔偿责任不应超过债务人不能清偿部分的1/2）

（3）公司可请求法定代表人承担赔偿责任。

迷你案例

案情：中福实业公司的董事会作出为其第一大股东"中福集团公司"与甲银行的借款提供担保的决议。据此决议，中福实业公司董事长与甲银行签订担保合同，该份担保合同有董事长签名以及中福实业公司公章。

问题：中福实业公司如何担责？

答案：中福实业公司依据过错程度承担清偿责任。公司为本公司股东借款提供担保，应当由股东会作出决议，本案由董事会决议违反了公司决议机关的要求，且甲银行未尽到合理审查，故担保人中福实业公司无需承担担保责任，但需承担过错赔偿责任。

（二）例外情形

其指公司未依照上述关于公司对外担保的规定作出决议，但公司要承担担保责任的情形。包括：

1. 金融机构开立保函或者担保公司提供担保。

例如，A公司是小额担保贷款公司，A公司提供担保是其主要业务，此时无需A公司再出具公司股东会或董事会同意担保的决议。

2. 公司为其全资子公司开展经营活动提供担保。

例如，萱草公司投资设立B公司，B公司全部资金来源于萱草公司，则萱草公司是B公司唯一股东，B公司是萱草公司的全资子公司。此时，萱草公司为B公司借款提供担保，无需萱草公司出具同意担保的决议。

3. 担保合同系由单独或者共同持有公司2/3以上对担保事项有表决权的股东签字同意。

4. 一人有限责任公司为其股东提供担保。

例如，B公司是一人公司，为其唯一股东萱草公司借款提供担保，此时无法满足排除被担保股东表决权的要求，因为B公司仅有一个股东，若排除萱草公司的表决权，则B公司因没有股东无法召开股东会。

5. 相对人根据上市公司公开披露的关于担保事项已经董事会或者股东大会决议通过的信息，与上市公司订立担保合同，担保合同对上市公司发生效力，并由上市公司承担担保责任。

迷你案例

案情：枫桥公司将一栋写字楼第18～20三层分别出租给甲、乙、丙三个公司，其中甲公司为恒通公司的全资子公司、乙为恒通公司的控股子公司、丙公司为恒通公司的参股子公司。租赁合同中约定月租金为90万元，3个月一付……恒通公司法定代表人未经公司决议，为甲、乙、丙三公司的租金支付义务承担连带责任担保。（2021年法考民法题目涉及担保的案情）

问题：恒通公司是否需要对甲、乙、丙公司租金支付问题承担连带担保责任？

答案：应当为甲公司的租金债务承担连带保证责任，但无需对乙、丙公司的债务承担保证责任。

（1）根据《担保制度解释》第8条第1款第2项的规定，公司为其全资子公司开展经营活动的承担担保责任的，无需公司股东会决议。本题告知，甲公司是恒通公司的全资子公司，故恒通公司为其提供担保的合同，即使没有恒通公司决议为前提，仍属有效。恒通公司需对甲公司的租金债务承担连带担保责任。

（2）乙、丙公司仅是由恒通公司参股，并非恒通公司的全资子公司，根据《公司法》第16条第1款的规定，公司为他人债务提供担保需要提供有效决议，否则构成越权代表。并且债权人没有尽到审查决议的合理注意义务，不能证明自己善意，故恒通公司无需对乙、丙公司的租金债务承担连带担保责任。

[总结梳理]

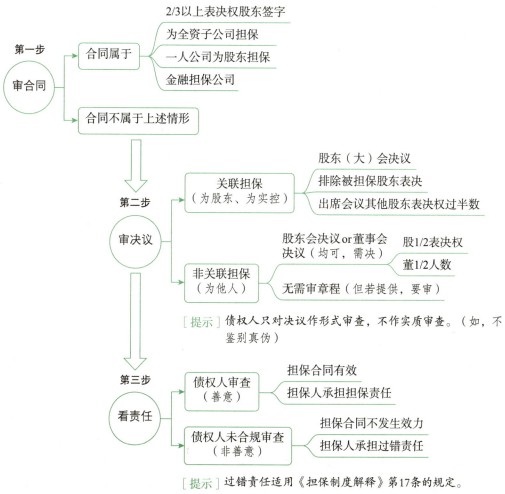

[提示]债权人只对决议作形式审查，不作实质审查。（如，不鉴别真伪）

[提示]过错责任适用《担保制度解释》第17条的规定。

公司担保分析步骤（债权人视角）

第 **9** 讲
公司经营中的特殊合同

考点 **22** 关联交易 ★★★

▶ **考查角度** 判断关联交易合同的效力以及责任承担。

关联关系，是指公司控股股东、实际控制人、董事、监事、高级管理人员与其直接或者间接控制的企业之间的关系，以及可能导致公司利益转移的其他关系。但是，国家控股的企业之间不仅仅因为同受国家控股而具有关联关系。

1. 控股股东，是指出资额占有限责任公司资本总额 50% 以上或者其持有的股份占股份有限责任公司股本总额 50% 以上的股东；抑或出资额或者持有股份的比例虽然不足 50%，但依其出资额或者持有的股份所享有的表决权已足以对股东会、股东大会的决议产生重大影响的股东。

2. 实际控制人，是指虽不是公司的股东，但通过投资关系、协议或者其他安排，能够实际支配公司行为的人。如高某是萱草公司的大股东，萱草公司又持有甲公司大多数股权，则高某是甲公司的实际控制人。

3. 控股股东、实际控制人的义务

（1）不得滥用控股股东的地位，损害公司和其他股东的利益，否则应当承担赔偿责任；

（2）不得利用其关联关系损害公司利益，否则应当承担赔偿责任。

4. 履行法定程序不能豁免关联交易赔偿责任。

关联交易损害公司利益，原告公司请求控股股东、实际控制人、董事、监事、高级管理人员赔偿所造成的损失，被告仅以该交易已经履行了信息披露、经股东（大）会同意等法律、行政法规或者公司章程规定的程序为由抗辩的，人民法院不予支持。

［原理］关联交易的核心是公平，尽管交易已经履行了相应的程序，但如果违反公平原则，损害公司利益，公司依然可以主张行为人承担损害赔偿责任。

例如，萱草公司是 A 公司控股股东，萱草公司和 A 公司签订了市级代理商协议，但享有省级代理商价格优惠待遇，并由 A 公司垫资萱草公司的全部经营费用，这使得 A 公司一年多里花费百万余元。但该项交易 A 公司召开了股东会并经合法表决通过。此案虽然 A 公司决议程序合法，但由于该关联交易给 A 公司造成了损失，所以萱草公司仍然要对 A 公司承担赔偿责任。

一招制敌 关联交易并非被禁止，关键要看是否有正当的交易目的。

法条链接 《公司法》第 21 条；《公司法解释（五）》第 1 条第 1 款。

 迷你案例

案情：张某是大萱医美公司第一大股东并任董事长，同时是小萱公司股东、监事。2019 年大萱公司与小萱公司签订《经销商合同书》，大萱公司授权小萱公司为该医美品牌 A 市独家经销商，但享有省级代理的价格优惠待遇，并由大萱公司无条件承担小萱公司全部市场经营费用，这使得大萱公司 1 年损失超过百万余元。但该项交易大萱公司召开了股东会并经合法表决通过。

问题：该案应当如何处理？

答案：虽然大萱公司决议程序合法，但由于构成关联交易纠纷，张某仍然要对大萱公司承担赔偿责任。

考点 23 股权让与担保★★★

> **考查角度**
>
> 1. 和民法结合，判断该类合同以及特殊合同条款的效力（如是否构成流质流押），分析债权人是否有权优先受偿。
> 2. 以股权作为让与担保的标的，更加复杂，出题概率较大。

让与担保，是指债务人或者第三人通过将动产、不动产或者股权等财产转让至债权人名下的方式，为主合同项下的债务提供担保。

一、让与担保合同的效力认定

1. 债务人（或第三人）与债权人约定将财产形式上转移至债权人名下，债务人不履行到期债务，债权人有权对财产折价或者以拍卖、变卖该财产所得价款偿还债务的，该约定有效。

2. 约定将财产形式上转移至债权人名下，债务人不履行到期债务，财产归债权人所有的，应当认定该约定无效，但是不影响当事人有关提供担保的意思表示的效力。

3. 约定将财产转移至债权人名下，在一定期间后再由债务人（或其指定的第三人）以交易本金加上溢价款回购，债务人到期不履行回购义务，财产归债权人所有的，该约定无效，但是不影响当事人有关提供担保的意思表示的效力。

[法条链接]《担保制度解释》第 68 条。

 迷你案例

案情：高某向第三人刘某借款，为了担保高某按期还款，双方约定高某将其持有的萱草公司股权转移至刘某名下。双方同时约定，债务到期后若高某按期还款，则刘某归还股权；若高某到期不还款，则股权归债权人刘某所有。据此协议，刘某被记载到萱草公司股东名册并且变更了工商登记。

问题：双方约定"若高某到期不还款，则股权归债权人刘某所有"。该约定是否有效？为什么？

答案：该约定无效。该合同为股权让与担保，要遵守关于担保的所有规则。若约定债务人不履行到期债务则<u>股权归债权人所有的</u>，构成<u>流质条款</u>，<u>该约定无效</u>。

二、债权人享有优先受偿权的条件

1. 债务人不履行到期债务，当事人已经完成<u>财产权利变动公示</u>的，债权人请求参照《民法典》关于担保物权的有关规定，对财产折价或者以拍卖、变卖该财产所得的价款优先受偿的，人民法院应予支持。

2. 债务人履行债务后，请求<u>返还财产</u>或者请求对财产折价或者以拍卖、变卖所得的价款清偿债务的，人民法院应予支持。

三、股权让与担保情形，债权人并非"名义股东"

股东以将其股权转移至债权人名下的方式为债务履行提供担保，公司或者公司的债权人以股东未履行或者未全面履行出资义务、<u>抽逃出资</u>等为由，请求作为名义股东的债权人与股东承担连带责任的，人民法院<u>不予支持</u>。

[法条链接]《担保制度解释》第 69 条。

24 对赌协议的效力及履行 ★★★

▶ 考查角度

1. 判断某些特殊交易条款是否构成对赌协议；如果是对赌协议，其合同效力以及合同履行问题。
2. 尤其关注对赌协议的履行规则。

对赌协议，又称估值调整协议，是指投资方与融资方在达成股权性融资协议时，为解决交易双方对目标公司未来发展的不确定性、信息不对称以及代理成本的问题而设计的包含了股权回购、金钱补偿等对未来目标公司的估值进行调整的协议。

例如，萱草公司决定引进外部投资者张三，向张三签发的出资证明书写明"张三出资1000万元占股5%。公司承诺3年内利润总额达到4000万元，如果到期不能完成，由公司按每年8%利息返还本金和利息。"这是和目标公司签订的对赌协议。

如果约定"萱草公司到期不能上市，由公司的大股东李某按每年8%利息返还本金和利息"，则和股东签订的是对赌协议。

一、合同的效力认定

不论与目标公司签订对赌协议，还是与目标公司的股东签订对赌协议，只要不存在法定无效事由，该协议有效。

二、合同的履行规则

1. 与目标公司的股东签订对赌协议：支持实际履行。

2. 与目标公司签订的对赌协议

（1）投资方请求目标公司回购股权的，法院应当审查是否符合"股东不得抽逃出资"，是否符合"股份回购的强制性规定"。目标公司未完成减资程序的，应当驳回其诉讼请求。

（2）投资方请求目标公司承担金钱补偿义务的，法院应当审查是否符合"股东不得抽逃出资"，是否按照利润分配的强制性规定进行。

（3）目标公司没有利润或者虽有利润但不足以补偿投资方的，法院应当驳回或者部分支持其诉讼请求。今后目标公司有利润时，投资方还可以依据该事实另行提起诉讼。

一招制敌 对赌协议，合同均有效；能否实际履行，看是否违反《公司法》。

法条链接《公司法》第35、142、166条；《九民纪要》第5点。

迷你案例

案情：汪某是蓝鸥股份有限公司的大股东并担任法定代表人。汪某以公司名义与爱思基金签订增资协议，爱思基金投资2亿元用以增加公司注册资本。该次增资后3年内公司完成上市。若未完成该目标，蓝鸥股份有限公司以市场价格收购爱思基金持有的公司股权。

问题：若未完成上市目标，该股权收购协议是否有效？

答案：有效。根据《九民纪要》中关于"对赌协议"的效力及履行的规定，不论是与目标公司签订对赌协议，还是与目标公司的股东签订对赌协议，只要不存在法定无效事由，该协议即为有效。

第 **10** 讲

公司的资本制度、收益分配规则

⊗考点 **25** 注册资本的变更（增资、减资）★★★

> 📥 **考查角度**
>
> 1. 判断注册资本变更的时间；注册资本变更时，对现有股东的保护措施。
> 2. 公司为扩大生产经营规模所需资金量增大，公司常通过增加注册资本达到融资目的，此时会发生公司扩大经营规模与既有股东不愿外部投资者加入公司的矛盾。这种实务中常见的纠纷也是主观题偏爱的素材。

一、注册资本的概念

注册资本，是指公司在设立时筹集的、由章程载明的并经公司登记机关登记注册的资本。

有限责任公司的注册资本为在公司登记机关登记的全体股东认缴的出资额。注册资本需要在公司章程中记载，并在营业执照中载明。

法条链接《公司法》第 26 条第 1 款。

🧍**迷你案例**

案情：萱草公司在 2021 年 5 月 8 日召开股东会，作出公司注册资本减少 1000 万元的决议，并于 2021 年 7 月 20 日办理完毕公司注册资本的变更登记。

问题：在萱草公司减少注册资本的程序中，何时产生注册资本减少的法律效力？为什么？

答案：2021 年 7 月 20 日。注册资本为在公司登记机关登记的全体股东认缴的出资额。公司的注册资本只有经过登记，才能产生注册资本的法定效力。本案中，当 7 月 20 日办理完毕新的注册资本的变更登记后，才能产生减少注册资本的法律效力。

二、变更注册资本的程序

公司变更注册资本需要满足一系列法定程序，要点包括：

1. 经过股东会决议

有限责任公司股东会会议作出增加或者减少注册资本的决议，必须经代表 2/3 以上表决权的股东通过。

2. 公司增加注册资本的：（依照设立有限责任公司缴纳出资的有关规定执行)

（1）应当自变更决议或者决定作出之日起30日内申请变更登记。

（2）有限责任公司增加注册资本时，股东按照实缴出资比例认缴出资，全体股东另有约定的除外。

（3）股东在公司增资时未履行或者未全面履行出资义务的，其法律责任为：

❶ 该股东对公司承担补足出资的责任；

❷ 公司债权人可请求该股东在未出资本息范围内对公司债务不能清偿的部分承担补充赔偿责任；

❸ 公司、公司债权人可请求未尽忠实义务和勤勉义务而使出资未缴足的董事、高级管理人员承担相应的责任；

❹ 董事、高级管理人员承担责任后，可以向被告股东追偿。

[提示] 增资是在公司成立后进行的，公司已经是独立法人，增资不到位是由于公司的董事、高管未尽职尽责，所以董事、高管承担相应的责任。

3. 公司减少注册资本的：

（1）必须编制资产负债表及财产清单；

（2）公司应当自作出减少注册资本决议之日起10日内通知债权人，并于30日内在报纸上公告；

（3）债权人自接到通知书之日起30日内，未接到通知书的自公告之日起45日内，有权要求公司清偿债务或者提供相应的担保；

（4）公司减少注册资本的，应当自公告之日起45日后申请变更登记，并应当提交公司在报纸上登载公司减少注册资本公告的有关证明和公司债务清偿或者债务担保情况的说明。

[法条链接]《公司法》第34条（实缴出资比例增资）、第43条第2款（2/3以上表决权）、第177条（减资程序）、第178条（增资程序）。

 迷你案例

1. 案情：2022年，萱草公司为扩大经营规模准备增资，关于是否增资的决议得到全体股东一致同意，但在具体缴纳出资问题上，股东向某和魏某提出，为了公司经营的便利，增资应全部为现金，且应在5个工作日内缴足；而另两个股东殷某（持股25%）与高某（持股20%）不同意，要求以新的专利技术作出增资出资。最终萱草公司作出现金增资的决议。

问题：就上述增资决议，殷某、高某能否请求撤销该决议？

答案：不能。因为增资款项是否全部为现金，这是股东会对普通事项的表决，不需要2/3以上表决权的股东通过，只要股东表决权过半数通过即可。本案中，已有超过半数表决权的股东表决通过，因此该决议为有效决议。

2. 案情：萱草有限责任公司共有6个股东，2020年公司决定增加注册资本500万元，该次增资，股东张某要求按照认缴出资比例来认缴新增注册资本的出资，另一股东魏某反对。2021年，萱草公司决议再次增资，股东会决议该次增资引进外部投资者A，500万元增资款均由A缴纳。张某同意增资但反对引入A，其他几位股东因为自有资金不足均同意A定向增资。

问1：2020年增资时，张某应如何行使优先认缴权？

答案：张某应当按照实缴的出资比例行使优先认缴权，但可以在合理期限内分期出资。

问2：2021年公司增资时，张某可采取何种救济措施？张某能否对其他股东放弃的出资额行使优先认购权？

答案：张某有权按照自己实缴的出资比例，主张在此次增资时的优先认缴权，也即在有外部投资者A存在时，仍要保护张某的优先认缴权，但张某无权优先认购其他股东放弃的部分。

考点 26 收益分配规则 ★★

✅ 考查角度

1. 判断公司分配顺序和分配比例是否合法。
2. 涉及公积金、税后利润分配等财会相关知识，在近年综合考查的趋势下，也需关注。

一、公积金提取和使用规则

公积金，又称储备金，是指公司为增强自身财产能力，扩大生产经营和预防意外亏损，依法从公司利润中提取的款项。公积金可以分为三类：

1. 法定公积金

（1）提取比例：当年税后利润的10%列入公司法定公积金；

（2）法定公积金累计额为公司注册资本的50%以上的，可以不再提取；

（3）法定公积金转为资本时，所留存的该项公积金不得少于转增前公司注册资本的25%（对任意公积金的转增数额没有限制）。

迷你案例

案情：萱草公司现有注册资本3000万元，法定公积金1000万元。公司拟以法定公积金转为增加公司资本。

问题：该次可转为增加注册资本的法定公积金上限是多少？

答案：不得超过 250 万元。

［设：可转增为资本的上限为 X，则计算公式为：（1000−X）≥3000×25%。可以得出，X≤250 万元。］

2. 任意公积金

任意公积金的提取比例，由公司股东（大）会决议。

3. 资本公积金

资本公积金是企业收到投资者的超出其在企业注册资本（或股本）中所占份额的投资，以及直接计入所有者权益的利得和损失、留存收益等。

（1）股份有限公司以超过股票票面金额的发行价格发行股份所得的溢价款，应当列为公司资本公积金；

（2）国务院财政部门规定列入资本公积金的其他收入，应当列为公司资本公积金；

（3）资本公积金不得用于弥补公司的亏损。

法条链接《公司法》第 166~168 条。

迷你案例

案情：萱草公司注册资本 100 万元，张某和罗某是股东，分别持有 70%、30% 的股权。2023 年，萱草公司决定增加注册资本并引入投资方百果公司。张某、罗某、萱草公司、百果公司另签订投资协议，约定百果公司投资 2000 万元持有 20% 股权。

问题：百果公司投资的 2000 万元，多少列入萱草公司的注册资本？多少列入资本公积金？

答案：25 万元列入注册资本，其余 1975 万元列入资本公积金。

［设：X 万元列入注册资本。则计算公式为：X÷（100+X）=20%。可以得出：X=25 万元。］

4. 公积金的用途

（1）公积金用于弥补公司的亏损。但是，资本公积金不得用于弥补公司的亏损。

（2）公积金可以用于扩大公司生产经营。

（3）公积金可以转为增加公司资本。当以法定公积金转增为资本时，所留存的法定公积金不得少于转增前公司注册资本的 25%。

法条链接《公司法》第 168 条。

二、公司利润分配的法定顺序

公司利润依据法定顺序分配，对于股东而言即是"非有盈余不得分配"原则，公司在弥补亏损和提取法定公积金后，才能将所余税后利润分配给股东。

[图示]

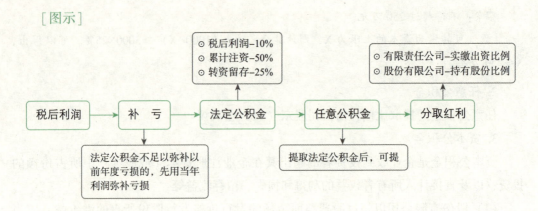

具体规则为：

1. 公司利润，需要纳税、弥补亏损、提取公积金。

2. 税后利润，可向股东分配。

（1）有限责任公司股东按照实缴的出资比例分取红利。但是，全体股东约定不按照出资比例分取红利的除外。

（2）股东（大）会或者董事会在公司弥补亏损和提取法定公积金之前向股东分配利润的，股东必须将违反规定分配的利润退还公司。

法条链接《公司法》第34条、第166条第5款。

第 11 讲
公司的合并分立、解散清算

📖考点 27 公司的合并和分立★

📝考查角度 合并、分立的具体程序；合并、分立后债务清偿规则。（本考点中的规则清晰简单，近年较少单独考查）

一、合并、分立的分类

1. 公司合并，是指两个或两个以上的公司订立合并协议，不经过清算程序，直接结合为一个公司的法律行为。可分为吸收合并与新设合并两种方式。

（1）吸收合并。其指一个公司吸收其他公司，被吸收的公司解散。（兼并，A+B＝A）

（2）新设合并。其指两个以上公司合并设立一个新的公司，合并各方解散。（A+B = C）

2. 公司分立，是指一个公司通过签订分立协议，不经过清算程序，分为两个或两个以上公司的法律行为。可分为新设分立与派生分立两种方式。

（1）新设分立。其指一个公司分立为多个公司，原公司解散。（拆分，A = B+C）

（2）派生分立。其指一个公司的一部分业务分立出去成立另一个公司，原公司继续存在。（A = A+B）

二、合并、分立的程序

1. 股东会作出决议

有限责任公司股东会会议作出合并、分立的决议，必须经代表 2/3 以上表决权的股东通过。

2. 清产核资

应签订合并（分立）协议并编制资产负债表及财产清单，故因合并（分立）注销公司时，不需要再依《公司法》进行清算。

3. 通知债权人并公告

（1）自作出合并（分立）决议之日起，10 日内通知债权人并于 30 日内在报纸上公告。

（2）合并程序中，债权人自接到通知书之日起 30 日内，未接到通知书的自公告之日起 45 日内，可以要求公司清偿债务或者提供相应的担保。

［提示］分立程序中，无债权人"要求公司清偿债务或者提供相应的担保"的保护程序。因为"分立前的债务由分立后的公司承担连带责任"，这已经是对债权人的充分保护，所以在分立程序中，不再设置债权人要求偿债的规则。

法条链接《公司法》第 172~174 条（合并程序）、第 74 条（异议股东股权回购）。

案情：2019 年 2 月，董某收到了华泰公司将于 2 月 14 日召开临时股东会议的通知，会议讨论和决议的主题是华泰公司吸收合并亨达公司。董某对此坚决反对。

问题：若董某反对该合并决议，其如何救济？

答案：根据《公司法》的相关规定，对公司合并、分立、转让主要财产持异议的股东，可以请求公司以合理价格收购其股权。

4. 申请登记

（1）公司合并、分立的，应当自公告之日起 45 日后申请登记；（公司合并、分立必须报经批准的，还应当提交有关批准文件）

（2）登记事项发生变更的，应当办理变更登记；

（3）因为合并、分立导致公司解散的，应当办理公司注销登记；

（4）设立新公司的，应当办理公司设立登记。

一招制敌 仅合并程序（不包括分立程序），债权人可以要求清偿债务或提供担保。

三、合并、分立时公司债的承继

1. 合并各方的债权、债务，应当由合并后存续的公司或者新设的公司承继。

2. 分立程序中，公司分立前的债务由分立后的公司承担连带责任。但是，公司在分立前与债权人就债务清偿达成的书面协议另有约定的除外。

法条链接 《公司法》第174、176条。

28 公司的解散 ★★★

> **考查角度** 可从实体法角度考查股东能否提起司法解散，也可从程序法角度考查其特殊的诉讼规则。

公司解散，是指已成立的公司基于一定合法事由而使公司消灭的法律行为。

一、公司解散的原因

（一）公司一般解散情形

公司解散的原因包括：

1. 公司章程规定的营业期限届满或者公司章程规定的其他解散事由出现。例如，萱草公司章程规定经营期限10年，到2019年12月31日止，则到期公司可解散。

2. 股东会或者股东大会决议解散。该决议需要2/3以上表决权股东通过。

3. 因公司合并或者分立需要解散。

4. 公司依法被吊销营业执照、责令关闭或者被撤销。

法条链接 《公司法》第180条第1~4项。

（二）司法判决解散公司的事由 *（股东请求法院解散）*

1. 判决解散公司的事由：公司僵局

"公司僵局"可概括为：公司经营管理发生严重困难，继续存续会使股东利益受到重大损失，通过其他途径不能解决。

具体而言，出现下列情况，股东可以申请法院解散公司：

（1）公司持续 2 年以上无法召开股东会或者股东大会，公司经营管理发生严重困难的；

（2）股东表决时无法达到法定或者公司章程规定的比例，持续 2 年以上不能做出有效的股东会或者股东大会决议，公司经营管理发生严重困难的；

（3）公司董事长期冲突，且无法通过股东会或者股东大会解决，公司经营管理发生严重困难的；

（4）经营管理发生其他严重困难，公司继续存续会使股东利益受到重大损失的情形。

2. 其他事由，不可判决解散公司：（均不符合"僵局"状态）

（1）股东以知情权、利润分配请求权等权益受到损害为由，提起解散公司诉讼的，人民法院不予受理；

（2）股东以公司亏损、财产不足以偿还全部债务为由，提起解散公司诉讼的，人民法院不予受理；

（3）股东以公司被吊销企业法人营业执照未进行清算等为由，提起解散公司诉讼的，人民法院不予受理。

法条链接《公司法》第 182 条；《公司法解释（二）》第 1 条。

二、司法判决解散公司的诉讼规则

为了防止股东滥用解散公司的诉权，并且规范该类诉讼和"公司清算"之间的衔接，《公司法》就该种诉讼类型作出了一些特殊规定。要点为：

1. 原告：单独或者合计持有公司全部股东表决权 10% 以上的股东。

2. 被告

（1）解散公司诉讼，应当以公司为被告。

（2）原告以其他股东为被告一并提起诉讼的，法院应当告知原告将其他股东变更为第三人；原告坚持不予变更的，人民法院应当驳回原告对其他股东的起诉。

3. 诉讼理由

（1）股东提起解散公司诉讼，同时又申请法院对公司进行清算的，法院对其提出的清算申请不予受理；

（2）法院可以告知原告，在判决解散公司后，自行组织清算或者另行申请法院对公司进行清算。

因为法院是否认定涉诉公司构成"僵局"状态，要通过审理才能确定，如果法院认定不构成"僵局"，则法院判决"不得解散公司"。此时公司继续存续，不会启动下一步"清算"程序。

4. 诉讼中的保全

股东提起解散公司诉讼时，向法院申请财产保全或者证据保全的，在股东提供担保且不影响公司正常经营的情形下，法院可予以保全。

法条链接《公司法》第182条；《公司法解释（二）》第2~4条。

 迷你案例

案情：林、戴两人为凯莱公司的股东。2016年起，二人之间的矛盾逐渐显现。同年林某5次委托律师向凯莱公司和戴某发函称，因股东权益受到严重侵害，林某作为享有公司股东会1/2表决权的股东，已按公司章程规定的程序表决并通过了解散凯莱公司的决议，要求戴某提供凯莱公司的财务账册等资料，并对凯莱公司进行清算。同年戴某3次回函称，林某作出的股东会决议没有合法依据，戴某不同意解散公司，并要求林某交出公司财务资料。从2016年至2019年，凯莱公司持续4年未召开过股东会。在纠纷处理中，服装城管委会调解委员会两次组织双方进行调解，但均未成功。2020年12月，林某向法院提起诉讼，请求解散凯莱公司。但遭到戴某反对，因为至林某提起诉讼时，凯莱公司及其下属分公司运营状态良好。（改编自最高人民法院指导案例8号：林方清诉常熟市凯莱实业有限责任公司、戴小明公司解散纠纷案）

问1：股东林某提出解散公司的诉讼请求能否得到法院支持？

答案：可以。该公司虽处于盈利状态，但其股东会机制长期失灵，陷入公司僵局且无法通过其他方法解决，连续超过2年未能召开股东会，使得股东权益受到重大损害，可以认定为公司经营管理发生严重困难。符合条件的股东可以提起解散公司的诉讼。

问2：林某至少需要提交哪些证据证明自己有权请求解散凯莱公司？

答案：需要提交下列证据：①持有公司10%以上股权。②公司经营管理发生严重困难的证据。例如，公司连续2年以上没有召开股东会或者持续2年不能作出有效股东会决议或者董事之间长期冲突。③上述纠纷曾试图解决但失败的证据，如调解失败等。

三、股东重大分歧解决机制（公司僵局即构成"股东重大分歧"）

基于公司永久存续性特征，在有限责任公司股东产生重大分歧使公司无法正常运营，出现公司僵局时，只要尚有其他途径解决矛盾，应当尽可能采取其他方式解决，从而维持公司运营，避免解散。通过调解，使得争议股东"套现离场"，使得公司继续存续。

[提示] 仅限于"有限责任公司"。因为股份有限公司股东可"用脚投票，自由退出"。

上述涉及有限责任公司股东的重大分歧案件，法院审理时需要掌握：

1. 应当注重调解。

2. 当事人协商一致，以下列方式解决分歧，且不违反法律、行政法规的强制性规定的，法院应予支持：

（1）公司回购部分股东股份。经法院调解公司收购原告股份的，公司应当自调解书生效之日起6个月内将股份转让或者注销。股份转让或者注销之前，原告不得以公司收购其股份为由对抗公司债权人。

    （2）公司减资、公司分立。

    （3）其他股东或者他人受让部分股东股份。

    （4）其他能够解决分歧，恢复公司正常经营，避免公司解散的方式。

  3. 当事人不能协商一致使公司存续的，法院应当及时判决。

[法条链接]《公司法解释（五）》第 5 条。

迷你案例

案情：昌顺有限责任公司成立于 2012 年 4 月，注册资本 5000 万元，股东为刘昌、钱顺、潘平与程舵，持股比例依次为 40%、28%、26% 与 6%。自 2014 年 6 月，就公司管理等问题的决策，刘昌与钱顺爆发严重冲突。2016 年 5 月，钱顺已厌倦争斗，要求刘昌或者公司买下自己的股权，自己退出公司，但遭到刘昌的坚决拒绝，其他股东既无购买意愿也无购买能力。钱顺遂起诉公司与刘昌，要求公司回购自己的股权，若公司不回购，则要求刘昌来购买。1 个月后，法院判决钱顺败诉。（改编自 2017 年司考真题）

问题：法院判决不支持"钱顺要求公司与刘昌回购自己股权的诉求"是否合理？为什么？

答案：合理。涉及有限责任公司股东的重大分歧案件，法院审理时应当注重调解。当事人协商一致可以要求公司回购或其他股东回购，但本案显然没有协商一致。在现行《公司法》上股东彼此之间并不负有在特定情况下收购对方股权的强制性义务。并且依《公司法》第 74 条第 1 款的规定，股东回购请求权仅限于在该款所列明的三种情形下对股东会决议（即公司连续 5 年不分红决议，公司合并、分立或转让主要财产决议，公司存续上的续期决议）有异议的股东，本案情形显然不符合该规定。

🆙考点 29 公司的清算 ★★

  🔽 **考查角度** 公司清算的具体规则；股东在清算程序是否对债权人承担责任。

    清算是终结已解散公司的一切法律关系，处理公司剩余财产的程序。（"解散＝公司死""清算＝公司火化"）

    除公司因合并或分立解散无须清算，以及因破产适用破产清算程序外，因其他原因解散的公司都应当遵守下述规则。

一、清算规则

  1. 在解散事由出现之日起 15 日内成立清算组，开始清算。

  2. 股东尚未缴纳的出资均应作为清算财产，不受诉讼时效、出资期限的限制。

3. 在申报债权期间，清算组**不得**对债权人进行清偿。

4. 清算期间，公司存续，但**不得**开展与清算无关的经营活动。

5. 清算组的组成

（1）有限责任公司的清算组由股东组成；

（2）股份有限公司的清算组由董事或者股东大会确定的人员组成。

6. 指定清算

有下列情形之一，债权人、公司股东、董事或者其他利害关系人可以申请法院指定清算组进行清算：

（1）公司解散逾期不成立清算组进行清算的；

（2）虽然成立清算组但故意拖延清算的；

（3）违法清算可能严重损害债权人或者股东利益的。

7. 清算行为

在公司解散后，清算组应当终结公司的财产、处理公司未了结的业务、偿还公司所欠税款、清偿公司债务、向股东分配剩余财产。这一系列工作完成后，申请公司注销登记，公司终止。具体包括：

（1）清算组应当制订清算方案。自行清算的，该方案报股东会、股东大会确认；指定清算的，该方案报人民法院确认。

（2）清理公司财产，编制资产负债表和财产清单。

（3）公司财产按照下列顺序清偿：支付清算费用→支付职工工资、社会保险费用和法定补偿金→缴纳所欠税款→清偿公司债务→股东分配剩余财产。

（4）申请注销公司登记，公告公司终止。

法条链接 《公司法》第 183 条（成立清算组）、第 184～187 条（清算工作）、第 188 条（制作清算报告等）；《公司法解释（二）》第 7 条。

迷你案例

案情：法院于 2017 年 2 月作出解散昌顺公司的判决。判决作出后，各方既未提出上诉，也未按规定成立清算组，更未进行实际的清算。在公司登记机关，昌顺公司仍登记至今，而各承租商户也继续依约向公司交付租金。（改编自 2017 年司考真题）

问题：解散公司的判决生效后，就昌顺公司的后续行为及其状态，在法律上应如何评价？为什么？

答案：昌顺公司被司法解散后仍然继续存在的事实，与我国解散判决生效后，公司就必须经过清算程序走向终止的法律规定不符，是不合法的。（提示：先写"评价对象＋结论"）依据《公司法》第 183～188 条所规定的程序，解散判决生效后，公司就必须经过清算程序走向终止。本案解散公司的判决生效后，昌顺公司未成立清算组，也未进行实际的清算，仍保留公司登记至今并继续维持经营状态，显然违反上述法律规范。

二、清算中股东的法律责任

有限责任公司的股东、股份有限公司的董事和控股股东，在公司解散后清算过程中的下列行为，需要对公司债权人承担责任（如果系实际控制人原因造成，实际控制人要承担相应的民事责任）：

1. 未及时清算

（1）未在法定期限内成立清算组开始清算，导致公司财产贬值、流失、毁损或者灭失，债权人有权主张股东等相关主体在造成损失范围内对公司债务承担赔偿责任；

（2）公司未经清算即办理注销登记，导致公司无法进行清算，债权人有权主张股东等相关主体对公司债务承担清偿责任。

2. 恶意处置公司财产

（1）公司解散后，恶意处置公司财产给债权人造成损失的，债权人有权主张股东等相关主体对公司债务承担相应赔偿责任；

（2）未经依法清算，以虚假的清算报告骗取公司登记机关办理法人注销登记，债权人有权主张股东等相关主体对公司债务承担相应赔偿责任。

3. 怠于履行清算义务

（1）因怠于履行义务，导致公司主要财产、账册、重要文件等灭失，无法进行清算，公司债权人有权主张股东等相关主体对公司债务承担连带清偿责任。

（2）"怠于履行"，是指法定清算事由出现后，在能够履行清算义务的情况下，股东等相关主体故意拖延、拒绝履行清算义务，或者因其过失导致无法进行清算的消极行为。

（3）不构成"怠于履行"的情形

[情形1]股东举证证明其已经为履行清算义务采取了积极措施。

[情形2]小股东举证证明其既不是董事会或者监事会成员，也没有选派人员担任该机关成员，且从未参与公司经营管理。

[情形3]"有因无果，不构成怠于履行"：股东能够举证证明其"怠于履行义务"的消极不作为与"公司主要财产、账册、重要文件等灭失，无法进行清算"的结果之间没有因果关系的，不对公司债务承担连带清偿责任。

4. 清算期间的诉讼

（1）公司依法清算结束并办理注销登记前，有关公司的民事诉讼，应当以公司的名义进行；

（2）公司成立清算组的，由清算组负责人代表公司参加诉讼；

（3）尚未成立清算组的，由原法定代表人代表公司参加诉讼。

法条链接《公司法解释（二）》第10、18~20条。

迷你案例

案情：甲、乙、丙共同组建 B 有限责任饮料公司，所占股份分别为 80%、10%、10%。B 饮料公司成立后经营一直不景气，已欠市农商银行贷款 100 万元未还。2018 年，经股东会决议，决定把饮料公司唯一盈利的保健品车间分出去，另成立有独立法人资格的保健品厂。1 年后，保健品厂也出现严重亏损，资不抵债。

2019 年，A 公司向 B 公司供应食品原材料，B 公司尚欠货款 139 万元。2020 年 1 月，B 公司因为未年检被工商部门吊销营业执照，但至今一直未组织清算。B 公司实际由大股东甲控制，乙、丙两人未参与过 B 公司的经营管理，B 公司被吊销营业执照后，乙、丙也曾委托律师对 B 公司进行清算，但由于 B 公司财物多次被债权人哄抢，账册及财产均下落不明，导致两人无法对其进行清算。（综合改编自 2003 年司考真题、最高院第 9 号指导案例）

问 1：B 饮料公司设立保健品厂的行为在公司法上属于什么性质的行为？设立后，饮料公司原有的债权债务应如何承担？

答案：属于公司分立的行为。本案 B 饮料公司的一部分业务（保健品车间）分立出去成立另一个公司，原饮料公司继续存在，属于"派生分立"。在责任承担方面，公司分立前的债务由分立后的公司承担连带责任，除非公司在分立前与债权人另行达成书面清偿协议。本案饮料公司在分立前并未和市农商银行有书面约定，故该笔债务应由饮料公司和保健品厂承担连带责任。

问 2：B 公司无法清算时，债权人能否要求股东甲、乙、丙对公司债务承担连带责任？

答案：不能。债权人仅可主张甲对公司债务承担连带清偿责任。本案中，乙、丙两位股东未参与公司经营并积极履行了清算义务，不能认定其怠于履行清算义务，故无需对 B 公司债务承担连带责任。

第 **12** 讲

总　　结

📖考点 **30**　公司章程 ★★★

📌 **考查角度**

1. 章程对哪些主体具有约束力；章程条款是否有效。
2. 判断章程条款是否有效，这涉及平衡"公司意思自治"与"公司法的强制性"，是高频考点。

一、章程的生效和修改

公司章程，是指公司所必备的，规定其名称、宗旨、资本、组织机构等事务的基本法律文件。章程是公司内部活动的主要依据。

1. 章程的生效。公司成立时，章程应报经公司登记部门登记后才能生效。（理论上称为"初始章程"，登记生效）

2. 章程的修改

（1）公司成立后，修改章程的，需要经股东（大）会表决通过，修改章程无需登记生效；

（2）修改章程，公司应申请变更登记，不登记不得对抗善意第三人。

3. 章程的效力

（1）章程对公司、股东、董事、监事、高级管理人员具有约束力。

（2）上述人员，既包括设立时的股东、董事等，也包括公司成立后新加入公司的上述主体。

［提示］章程对公司债权人、公司劳动者无约束力。债权人与公司依据民法确定合同效力等事宜，劳动者与公司依据劳动合同确定法律关系。

（3）公司超越章程而从事的经营活动，只要该行为未违反法律、行政法规的规定，则该行为有效。

法条链接《公司法》第11条（公司章程的约束力）。

案情：甲公司章程规定：董事长未经股东会授权，不得处置公司资产，也不得以公司名义签订非经营性合同。一日，董事长任某见王某开一辆新款宝马车，遂决定以自己乘坐的公司旧奔驰车与王某调换，并办理了车辆过户手续。

问题：如何评价任某换车行为的效力？

答案：任某的换车行为，应从两个角度评价：①换车行为属于违反公司章程处置公司资产以及从事非经营性交易，若给甲公司造成损失的，任某应当承担赔偿责任；②根据《公司法》第11条的规定，公司章程对公司、股东、董事、监事、高级管理人员具有约束力。也即公司章程的效力不及于交易第三人。所以，当王某是善意时，公司董事长任某的交易行为有效。

二、章程条款

虽然有限责任公司注重意思自治，允许在章程中交由股东设计公司内部管理，但毕竟《公司法》具有一定的强制性规则，不允许章程另行规定或违反法律规定。

就目前的《公司法》及相关司法解释而言，下列事项属于强制性规范，有限责任公司章程不得违反：

1. 公司为公司股东或者实际控制人提供担保的，必须经股东会或者股东大会决议。（《公司法》第 16 条第 2 款）

2. 股东会会议作出修改公司章程、增加或者减少注册资本的决议，以及公司合并、分立、解散或者变更公司形式的决议，必须经代表 2/3 以上表决权的股东通过。（《公司法》第 43 条第 2 款）

3. 董事会决议的表决，实行一人一票。（《公司法》第 48 条第 3 款）

4. 有限责任公司设监事会，其成员不得少于 3 人。股东人数较少或者规模较小的有限责任公司，可以设 1 至 2 名监事，不设监事会。（《公司法》第 51 条第 1 款）

5. 公司提取法定公积金、公司利润分配顺序。（《公司法》第 166 条）

6. 公司需要减少注册资本时，必须编制资产负债表及财产清单。（《公司法》第 177 条第 1 款）

7. 公司章程、股东之间的协议不得实质性剥夺股东查阅或者复制公司文件材料的权利。（《公司法解释（四）》第 9 条）

🅧考点 **31** 公司形式变更★

> 📑**考查角度**
>
> 1. 有限责任公司变更为股份有限公司的要求；两类公司组织机构等具体规则的差异。
> 2. 到目前为止，主观题真题中尚未考查过股份有限公司。但在主观题中可做如下案情设计：甲有限责任公司，规模越来越大，经过吸收股份变更为甲股份有限公司。若干年后，甲股份有限公司符合《证券法》的要求，成为上市公司。这样可以考查不同类型公司组织机构的规则差异。

一、公司形式变更

《公司法》允许公司在"有限责任公司"和"股份有限公司"两种形式之间进行变更。要点为：

1. 有限责任公司→股份有限公司

（1）股东会会议作出变更公司形式的决议，必须经代表 2/3 以上表决权的股东通过。

（2）有限责任公司变更为股份有限公司，应当符合《公司法》规定的股份有限公司的条件。公司变更前的债权、债务由变更后的公司承继。

（3）变更为股份有限公司，既可以采取发起设立方式，也可以采取募集设立方式。

（4）变更为股份有限公司时，折合的实收股本总额不得高于公司净资产额。净资产额=资产额−负债。例如，公司总资产为1000万元，其中银行贷款200万元，则公司净资产为800万元。

（5）变更为股份有限公司，为增加资本公开发行股份时，应当依法办理。

一招制敌 公司形式变更=新公司设立。

法条链接 《公司法》第95条。

2. 股份有限公司→有限责任公司。（略）

二、股份有限公司的相关规则

因股份有限公司考查概率不大，本书仅总结我认为可能涉及的知识点。

1. 股东会决议规则

（1）股东出席股东大会会议，所持每一股份有一表决权。但是，公司持有的本公司股份没有表决权。

（2）股东大会作出决议，必须经出席会议的股东所持表决权过半数通过。

（3）但是，股东大会作出修改公司章程、增加或者减少注册资本的决议，以及公司合并、分立、解散或者变更公司形式的决议，必须经出席会议的股东所持表决权的2/3以上通过。

[提示] 有限责任公司：全部股东的表决权；股份有限公司：到会者的表决权。

法条链接 《公司法》第103条。

2. 利润分配

（1）股份有限公司按照股东持有的股份比例分配，但股份有限公司章程规定不按持股比例分配的除外；

（2）股份有限公司持有的本公司股份不得分配利润。

[提示] 因为股份有限公司原则上不得收购本公司发行的股份。即使在法定情形下回购，也需在一定期间内转让股份或者注销股份，故公司转让或注销前，即使持有本公司股份，也不得分配公司利润。

法条链接 《公司法》第166条第4、6款。

3. 股份有限公司股东无权查阅、复制财务会计账簿。

4. 上市公司组织机构的特别规定

上市公司，是指其股票在证券交易所上市交易的股份有限公司。上市公司是"股份有限公司"中的一部分。

（1）上市公司在1年内购买、出售重大资产或者担保金额超过公司资产总额30%的，应当由股东大会作出决议，并经出席会议的股东所持表决权的2/3以上通过。

（2）上市公司董事会成员中应当至少包括 1/3 的独立董事，其中至少包括 1 名会计专业人士。

（3）独立董事原则上最多在 5 家上市公司兼任独立董事，并确保有足够的时间和精力有效地履行独立董事的职责。

（4）独立董事每届任期与该上市公司其他董事任期相同，任期届满，连选可以连任，但是连任时间不得超过 6 年。

（5）独立董事连续 3 次未亲自出席董事会会议的，由董事会提请股东大会予以撤换。

（6）利害关系董事表决权排除规则。这是指上市公司董事与董事会会议决议事项所涉及的企业有关联关系的，不得对该项决议行使表决权，也不得代理其他董事行使表决权。该董事会会议由过半数的无关联关系董事出席即可举行，董事会会议所作决议须经无关联关系董事过半数通过。

例如，A 上市公司准备就其向 B 公司的投资之事召开董事会，A 公司董事孙某的妻子吴某在 B 公司任副董事长，则孙某与 A 公司决议事项所涉及的 B 公司有关联关系，因此孙某不应参加 A 公司董事会的表决。

法条链接《公司法》第 121、124 条。

5. （股份有限公司）股份转让规则

股份有限公司具有资合性和开放性，股东持有的股份可以自由转让，所以《公司法》仅对特殊主体转让股份有限制。

（1）发起人：持有的本公司股份，自公司成立之日起 1 年内不得转让；并且自公司股票在证券交易所上市交易之日起 1 年内不得转让。

（2）董事、监事、高级管理人员

❶所持本公司股份自公司股票上市交易之日起 1 年内不得转让；

❷在公司任职期间每年转让的股份不得超过其所持有本公司股份总数的 25%；

❸上述人员离职后半年内，不得转让其所持有的本公司股份。

法条链接《公司法》第 141 条。

6. 公司收购本公司股份的限制

（1）公司不得接受本公司的股票作为质押权的标的。例如，甲公司与乙公司联合开发房地产，现乙公司以其持有的甲公司股份作为履行合同的质押担保。若乙公司违约，甲公司将以担保物优先受偿，但担保物恰恰是自己发行的股票，效果等同于"甲公司的资金回购甲公司股份"，因此不合法。

（2）公司不得收购本公司股份，但是出现下列情形之一的，公司可以回购本公司股份：

公司可回购情形	回购程序
减少公司注册资本	股东大会决议。自收购之日起 10 日内注销。
与持有本公司股份的其他公司合并	股东大会决议。在 6 个月内转让或者注销。
股东因对股东大会作出的公司合并、分立决议持异议，要求公司收购其股份	
将股份用于员工持股计划或者股权激励	①可以依照公司章程的规定或者股东大会的授权，经 2/3 以上董事出席的董事会会议决议； ②公司合计持有的本公司股份数不得超过本公司已发行股份总额的 10%； ③应当在 3 年内转让或者注销； ④上市公司应当通过公开的集中交易方式进行； ⑤上市公司收购本公司股份的，应当依照《证券法》的规定履行信息披露义务。
将股份用于转换上市公司发行的可转换为股票的公司债券（债券转股票）	
上市公司为维护公司价值及股东权益所必需	

[法条链接]《公司法》第 142 条。

第 **2** 章

···破 产 法···

▶ 考情分析

　　破产法尚未在主观题中出现独立主观题。但其常和公司法、民法、民事诉讼法试题结合，考查公司破产环节的相关知识，题目综合性强，难度大。

考查角度	考查年份/次数		考点概述
破产法中的程序问题	2019 年	1 次	1. 被受理破产后和之前诉讼仲裁程序衔接。 2. 关联企业破产案件的审理；合并破产的后果。
	无	预 测	1. 重整期间对债权人、出资人、债务人等采取的特殊规则。 2. 被法院宣告破产后，对各项债权的具体清偿要求。
破产法中的实体问题	2014 年	2 次（2 问均考查取回权）	分析针对债务人财产的各种处理，如取回、追回、撤销、抵销是否有效。
	2005 年	2 次（1 问考查取回权，1 问考查保证人破产）	1. 分析破产程序对合同及现有债权的影响。 2. 保证人破产如何处理；债务人与保证人均破产如何处理；保证人部分清偿能否申报债权。

📥 知识框架

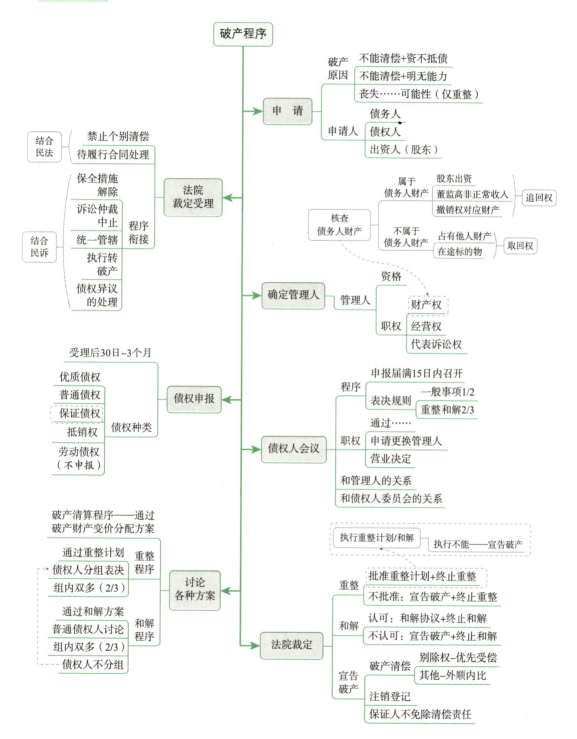

第 **13** 讲
破产法中的程序问题

考点 **32** 破产案件的申请和受理程序★★

> ▶ **考查角度** 被受理破产后和之前诉讼仲裁程序如何衔接。

《企业破产法》的立法目的是规范企业破产程序，公平清理债权债务，保护债权人和债务人的合法权益，维护社会主义市场经济秩序。

《企业破产法》规定的司法程序包括三种：重整、和解、破产清算。基于主观案例的考查特点，重点考查重整程序和破产清算中的清偿，故本书不再介绍"和解"程序。

一、破产申请的主体

依据《企业破产法》的规定，下列四类人可以向法院请求裁定债务人适用破产程序：

1. 债务人。债务人要符合出现"破产原因"情形（如出现不能清偿、资不抵债等）。

2. 债权人。债权人需提交债务人不能清偿到期债务的有关证据。

3. 清算人。（略）

4. 出资人。一般情况下，出资人不能直接启动债务人破产程序，因为出资人（股东）不能直接干预公司的生产经营，自然也不能直接干涉公司是否破产。但在满足下列三个条件时，允许出资人启动债务人的破产程序：

[条件1] 足够早：在法院受理破产申请后、宣告债务人破产前。

[条件2] 足够大：出资额占债务人注册资本 1/10 以上的出资人。

[条件3] 被动进入：当债权人申请对债务人进行破产清算时，满足上述条件的出资人可以请求转为重整程序。（出资人仅可申请"清算转为重整"程序）

例如，A 公司已经被 B 银行申请破产清算，此时在破产受理后，A 公司的股东甲公司（满足上述的条件）可以向法院申请"A 公司重整"。

法条链接《企业破产法》第 70 条第 2 款。

迷你案例

案情：萱草公司因经营困境无法清偿到期债务，2020 年 6 月，各债权人欲申请萱草公司破产还债。

问1：萱草公司拖欠甲公司货款30万元，按合同应于2020年10月付款。甲公司是否有权申请萱草公司破产？

答案：无权。甲公司的债权未到期，不能"申请"破产程序。（不要混淆：在萱草公司被受理破产后，甲公司可以"申报"债权）

问2：萱草公司拖欠乙公司货款40万元，应于2017年1月偿还，但乙公司一直未追索。乙公司是否有权申请萱草公司破产？

答案：无权。乙公司的债权已经超过诉讼时效。

二、破产受理和民事诉讼程序的衔接

破产案件的受理，又称立案，是指法院在收到破产案件申请后，认为申请符合法定条件而予以接受，并由此开始破产程序的行为。破产程序强调公平满足所有债权人的清偿要求，而债权人的公平受偿又以债务人财产稳定为基础。为保障债务人财产利益最大化，法院受理破产申请后会对民事诉讼程序、债务清偿产生一系列影响。要点包括：

1. 可上诉的两个裁定

（1）对不予受理的裁定可上诉。其指法院裁定不受理破产申请的，申请人对该裁定不服可以向上一级人民法院提起上诉。

（2）对驳回申请的裁定可上诉。其指法院受理破产申请后至破产宣告前，经审查发现债务人不符合"破产原因"的，可以裁定驳回申请。申请人对该裁定不服的，可以向上一级人民法院提起上诉。

法条链接 《企业破产法》第12条；《最高人民法院关于适用〈中华人民共和国企业破产法〉若干问题的规定（一）》第9条。

2. 法院受理破产申请后，有关债务人财产的保全措施应当解除，执行程序应当中止。（保全措施，是指冻结、扣押、查封等措施）

法条链接 《企业破产法》第19条。

3. 法院受理破产申请后，已经开始而尚未终结的有关债务人的民事诉讼或者仲裁应当中止；在管理人接管债务人的财产后，该诉讼或者仲裁继续进行。

［原理］因为"破产程序"不具备解决当事人实体权利义务争议的功能，所以在"管理人接管财产后"，恢复进行被中止的民事诉讼或仲裁。

法条链接 《企业破产法》第20条。

4. 破产程序开始后，有关债务人的民事诉讼，只能向受理破产申请的法院提起。

法条链接 《企业破产法》第21条。

迷你案例

案情：萱草公司和甲公司因货款纠纷，甲公司向A法院提起诉讼，诉讼中A法院查封了萱草公司的涉案货物。后于 2020 年 10 月，B 法院受理萱草公司的破产申请。

问题：破产受理后，A 法院是否可以处置该批被查封的货物？

答案：不可以。受理破产申请后，有关债务人财产的保全措施应当解除，执行程序应当中止。如果处置该批被查封货物，虽维护了甲公司利益，但会导致萱草公司财产减少，侵害其他债权人的利益。所以，应当解除该保全措施，甲公司和其他债权人一样，依程序申报债权。

5. 债权异议的处理

"债权异议"处理的总原则是：有仲裁需仲裁；无仲裁则诉讼。要点为：

（1）在破产申请受理前，当事人之间订立有仲裁条款或仲裁协议的，应当向选定的仲裁机构申请确认债权债务关系；

（2）破产受理前没有订立仲裁条款或仲裁协议的，异议人应当在债权人会议核查结束后 15 日内向法院提起债权确认的诉讼。

[法条链接]《破产法解释（三）》第 8 条。

33 重整程序★★

> [考查角度] 重整期间对债权人、出资人、债务人等采取的特殊规则。

重整，是指对可能或已经发生破产原因但又有挽救希望的法人企业，通过对各方利害关系人的利益协调，借助法律强制进行营业重组与债务清理，以避免企业破产的法律制度。

重整最主要的目的是帮助债务人企业走出经营困境，避免企业清算。因此，破产重整的一系列规则都旨在为企业创造一个继续经营的制度环境。

一、重整期间营业保护的特殊规定

为了促使重整能够顺利进行以避免债务人企业陷入破产的境地，法律对重整期间这一特殊时间段加以营业保护，对某些权利人行使权利加以限制。具体而言，营业保护体现在下列方面：

1. 在重整期间，经债务人申请，法院批准，债务人可以在管理人的监督下自行管理财产和营业事务。

2. 在重整期间，债务人或者管理人为继续营业而借款的，可以为该借款设定担保。

3. 在重整期间，对债务人的特定财产享有的担保权暂停行使。但是，担保物有损坏或者价值明显减少的可能，足以危害担保权人权利的，担保权人可以向法院请求恢复行使担保权。

该时间段内，抵押权人不得主张处置抵押物以优先受偿。因为一旦达成重整协议，债务人企业就应恢复到正常经营状态，该担保物恰恰是经营必须财产，如果在达成重整协议前被拍卖变卖，会影响后续重整计划的执行。

4. 取回权的行使应当符合事先约定的条件。

债务人合法占有他人财产，在重整期间该财产的权利人要求取回的，应当符合事先约定的条件。

例如，萱草公司租赁金公司 10 辆汽车。

［情形 1］租赁期 3 年，重整期间内未到期→金公司不得主张取回汽车。

［情形 2］租赁期 3 个月，重整期间内到期→金公司可以主张取回。

5. 在重整期间，债务人的出资人不得请求投资收益分配。

6. 在重整期间，债务人的董事、监事、高级管理人员不得向第三人转让其持有的债务人的股权。但是，经法院同意的除外。

[法条链接]《企业破产法》第 72～78 条。

二、重整计划的制定、批准和执行

重整计划，是指债务人、债权人和其他利害关系人在协商基础上就债务清偿和企业拯救作出的安排。它是重整程序中最重要的法定文件。

1. 重整计划草案由债务人或管理人制作。自法院裁定债务人重整之日起 6 个月内，同时向法院和债权人会议提交重整计划草案。

2. 重整计划草案的分组表决

（1）债权人依据债权性质不同，分组对重整计划草案进行表决；

（2）组内表决程序：出席会议的同一表决组的债权人过半数同意重整计划草案，并且其所代表的债权额占该组债权总额的 2/3 以上的，即为该组通过重整计划草案；（双重多数决）

（3）各表决组均通过重整计划草案时，重整计划即为通过；

（4）自重整计划通过之日起 10 日内，应当向人民法院提出批准重整计划的申请。

3. 重整计划的执行

法院经审查认为重整计划符合《企业破产法》规定的，则裁定批准终止重整程序。债务人企业下一步进入到重整计划的执行阶段。

（1）重整计划由债务人负责执行，管理人监督。已接管财产和营业事务的管理人应当向债务人移交财产和营业事务。

（2）按照重整计划减免的债务，自重整计划执行完毕时起，债务人不再承担清偿责任。

（3）债务人不能执行或者不执行重整计划，处理为：

❶经管理人或者利害关系人请求，法院应当裁定终止重整计划的执行，并宣告债务人破产。

❷对债权人的影响

第一，法院裁定终止重整计划执行的，债权人在重整计划中作出的债权调整的承诺失去效力；

第二，债权人因执行重整计划所受的清偿仍然有效，未受清偿的部分作为破产债权；

第三，上述债权人，只有在其他同顺位债权人同自己所受的清偿达到同一比例时，才能继续接受分配。

❸对担保人的影响：重整计划因执行不能而终止，并宣告债务人破产的，为重整计划的执行提供的担保继续有效。

法条链接《企业破产法》第79～94条。

例如，萱草公司（债务人）欠甲公司100万元，在重整计划中，甲公司同意债权调整为70万元：

（1）如果重整计划完成，甲公司得到70万元，萱草公司不再承担清偿责任。（后账勾销）

（2）如果重整计划执行了一部分，清偿甲公司10万元，但之后该重整计划不能执行（重整失败），则萱草公司被宣告破产：

❶甲公司原在重整计划中作出的减免债权到70万元的承诺失去效力，甲公司的债权恢复为100万元；

❷甲公司已经接受的10万元清偿有效，无需返还。甲公司未受清偿的90万元，作为破产债权；

❸同顺位其他债权人只获得8%的清偿，则甲公司暂缓分配，因为甲公司已获得10%的清偿。

🄳考点34 破产清算程序 ★

🔻考查角度 被法院宣告破产后，对各项债权的具体清偿要求。

法院作出破产宣告的裁定，标志着债务人进入破产清算程序。该程序中，破产管理人对破产财产进行清算、评估、处理，并按照规定的程序和规则对破产财产进行分配，最终目的是企业注销。

（一）可优先清偿的债权

"优先清偿"，是指就破产人的特定财产"个别地、排他地"接受清偿，不参加集体清偿。其具体包括：

（1）破产宣告后，对破产人的特定财产享有担保权的权利人，对该特定财产享有优先受偿的权利。

❶上述权利人行使优先受偿权利未能完全受偿的，其未受偿的债权作为普通债权；

❷放弃优先受偿权利的，其债权作为普通债权。（普通债权，要参加下文的"按顺序清偿"）

（2）在建设工程价款与建筑物抵押权同时并存时，建筑工程的承包人的优先受偿权优于抵押权和其他债权。

法条链接《企业破产法》第109、110条。

（二）其他清偿规则

1. 破产财产在优先清偿破产费用和共益债务后，依照下列顺序清偿：

[第1顺序] 职工债权。包括：①破产人所欠职工的工资和医疗、伤残补助、抚恤费用；②所欠的应当划入职工个人账户的基本养老保险、基本医疗保险费用；③应当支付给职工的补偿金。

[第2顺序] 破产人欠缴的除前述规定以外的社会保险费用和债务人所欠税款。

[第3顺序] 普通破产债权。

2. 破产财产不足以清偿同一顺序的破产债权的，按照比例分配。

3. 破产企业的董事、监事和高级管理人员的工资按照该企业职工的平均工资计算。

4. 破产人的保证人和其他连带债务人，在破产程序终结后，对债权人依照破产清算程序未受清偿的债权，依法继续承担清偿责任。

法条链接《企业破产法》第113、124条。

迷你案例

案情：萱草公司不能清偿到期债务，债权人A银行向法院申请破产清算。其抵押权人华泰公司在债权申报后即要求行使抵押权。

问题：华泰公司针对抵押物优先受偿的请求是否成立？

答案：不成立。根据《企业破产法》第107条第2款的规定，债务人被宣告破产后，债务人称为破产人，债务人财产称为破产财产。《企业破产法》第109条规定，对破产人的特定财产享有担保权的权利人，对该特定财产享有优先受偿的权利。可知，抵押权人在债权申报后不可以要求行使抵押权，即使本案启动的是破产清算程序，但针对抵押物优先受偿，也应当在破产宣告之后进行。

㉟考点 **35** 关联企业破产案件的审理★★

▶ **考查角度** 关联企业破产案件特殊的审理规则；合并破产的后果；协调审理的后果。

一、实质合并

当关联企业成员之间存在法人人格高度混同、区分各关联企业成员财产的成本过高、严重损害债权人公平清偿利益时，可适用关联企业实质合并破产方式进行审理。要点包括：

1. 实质合并申请的审查。人民法院收到实质合并申请后，应当及时通知相关利害关系人并组织听证，听证时间不计入审查时间。人民法院在审查实质合并申请过程中，可以综合考虑关联企业之间资产的混同程序及其持续时间、各企业之间的利益关系、债权人整体清偿利益、增加企业重整的可能性等因素，在收到申请之日起30日内作出是否实质合并审理的裁定。

2. 裁定实质合并时利害关系人的权利救济。相关利害关系人对受理法院作出的实质合并审理裁定不服的，可以自裁定书送达之日起15日内向受理法院的上一级人民法院申请复议。

3. 实质合并审理的管辖原则与冲突解决。采用实质合并方式审理关联企业破产案件的，应由关联企业中的核心控制企业住所地人民法院管辖。核心控制企业不明确的，由关联企业主要财产所在地人民法院管辖。多个法院之间对管辖权发生争议的，应当报请共同的上级人民法院指定管辖。

4. 实质合并审理的法律后果。人民法院裁定采用实质合并方式审理破产案件的，各关联企业成员之间的债权债务归于消灭，各成员的财产作为合并后统一的破产财产，由各成员的债权人在同一程序中按照法定顺序公平受偿。采用实质合并方式进行重整的，重整计划草案中应当制定统一的债权分类、债权调整和债权受偿方案。

5. 实质合并审理后的企业成员存续。适用实质合并规则进行破产清算的，破产程序终结后各关联企业成员均应予以注销。适用实质合并规则进行和解或重整的，各关联企业原则上应当合并为一个企业。根据和解协议或重整计划，确有需要保持个别企业独立的，应当依照企业分立的有关规则单独处理。

 法条链接 《破产审判纪要》第32~37条。

二、协调审理

1. 关联企业破产案件的协调审理与管辖原则。多个关联企业成员均存在破产原因但不符合实质合并条件的，人民法院可根据相关主体的申请对多个破产程序进行协调审理，并可根据程序协调的需要，综合考虑破产案件审理的效率、破产申请的先后顺序、成员负债规模大小、核心控制企业住所地等因素，由共同的上级法院确定一家法院集中管辖。

2. 协调审理的法律后果。协调审理不消灭关联企业成员之间的债权债务关系，不对关联企业成员的财产进行合并，各关联企业成员的债权人仍以该企业成员财产为限依法获得清偿。但关联企业成员之间不当利用关联关系形成的债权，应当劣后于其他普通债权顺序清偿，且该劣后债权人不得就其他关联企业成员提供的特定财产优先受偿。

法条链接《破产审判纪要》第38、39条。

案情：甲公司经营状况恶化，为了维持发展，甲公司经常从其全资子公司处抽调资金供自己使用，在其子公司资金发生紧缺时，就在其名下各个全资子公司之间相互抽取资金使用，致使甲公司与各个全资子公司财务账目混乱不清。甲公司欠庚公司与辛公司的债务到期后无法清偿，庚公司认为甲公司无法偿还债务，于是申请对甲公司及其全部全资子公司进行合并重整。

问1：庚公司是否可以申请对甲公司及其全部全资子公司合并重整？

答案：可以。

关联企业破产合并审理的前提是，关联企业成员之间存在法人人格高度混同、区分各关联企业成员财产的成本过高、严重损害债权人公平清偿利益时，可例外适用关联企业实质合并破产方式进行审理。

本案中，甲公司经常从其全资子公司处抽调资金供自己使用，全资子公司之间相互抽取资金使用，财务账目混乱不清。这表明，上述关联企业之间已经形成法人人格高度混同的关联关系。

所以，债权人庚公司可以对其进行合并重整。

问2：甲公司的合并重整，对之前的债权人有什么影响？

答案：各关联企业（甲公司和其子公司）的债权人在同一程序中按照法定顺序公平受偿。

根据《破产审判纪要》第36条的规定，人民法院裁定采用实质合并方式审理破产案件的，各关联企业成员之间的债权债务归于消灭，各成员的财产作为合并后统一的破产财产，由各成员的债权人在同一程序中按照法定顺序公平受偿。

所以本案中，甲公司合并重整的，甲公司和其子公司的财产作为合并后统一的破产财产，甲公司债权人和其子公司的债权人在同一程序中按照法定顺序公平受偿。

第 14 讲

破产法中的实体问题

36 破产对债务清偿、合同的影响 ★★★

> ▶ **考查角度** 分析破产程序对合同、债权的影响。

一、对双方均未履行完毕合同的处理

1. 双方均未履行完毕合同，是指在破产申请受理前成立，但债务人和对方当事人均未履行完毕的合同。

如果合同一方已经履行完毕，无需《企业破产法》制定特别规则。例如，债务人 A 公司未履行完毕，债权人 B 公司可以申报债权。债务人 A 公司已履行完毕，虽然对方债权人 B 公司未履行完毕，但 B 公司是正常企业，有履行合同的能力，不需要管理人做出特别的安排。

2. 对双方均未履行完毕的合同，管理人有权决定解除或者继续履行，并通知对方当事人。

（1）管理人自破产申请受理之日起 2 个月内未通知对方当事人，或者自收到对方当事人催告之日起 30 日内未答复的，视为解除合同。

（2）管理人决定继续履行合同的，对方当事人应当履行；但是，对方当事人有权要求管理人提供担保。管理人不提供担保的，视为解除合同。

法条链接《企业破产法》第 18 条。

二、对破产债权的处理

破产债权，是指法院受理破产申请前成立的对债务人享有的债权。

（一）对破产债权禁止个别清偿

个别清偿，是指案件受理后未经集体程序的单独清偿行为。

1. 法院受理破产申请后，债务人对个别债权人的债务清偿无效。

2. 对任何债权人（含担保物权人）的个别清偿，均无效。

因为在债务人已被法院受理破产的情况下，再实施对个别债权人的清偿，显然违反公平清偿的原则。

一招制敌 掌握案例中的时间：受理日-禁止个别清偿（包括有担保的债权人）；宣告破产日-开始清偿（有担保债权人可以优先清偿）。

法条链接《企业破产法》第 16 条。

（二）破产债权应当申报

债务人被受理破产后，债权人应当进行债权申报。

1. 债权申报的期限，自法院发布受理破产申请公告之日起计算，最短不得少于 30 日，最长不得超过 3 个月。（30 日~3 个月）

2. 在法院确定的债权申报期限内，债权人未申报债权的，处理为：

（1）可以在破产财产最后分配前补充申报；但是，此前已进行的分配，不再对其补充分配。

（2）为审查和确认补充申报债权的费用，由补充申报人承担。

法条链接《企业破产法》第 45 条、第 56 条第 1 款。

迷你案例

案情：2022 年 3 月 1 日萱草化工公司被宣告破产，并依法进行了部分财产的分配。此时远在蒙古国的 A 公司向管理人声称因一直未获知萱草化工公司的相关信息，其享有对萱草化工公司的 500 万元货款债权于 2022 年 8 月 15 日到期，经管理人审核该项债权属实。

问题：A 公司应当如何主张自己的权利？

答案：A 公司可申报债权，但此前已进行的分配，不再对其补充分配。

3. 可申报的破产债权类型

（1）有担保的债权。

（2）未到期的债权。（未到期债权在破产受理时视为到期）

（3）附条件、附期限的债权和诉讼、仲裁未决的债权。

（4）附利息的债权自破产申请受理时起停止计息。破产申请受理前的利息，随本金一同申报。（破产止息）

（5）管理人对破产申请受理前成立而债务人和对方当事人均未履行完毕的合同决定解除的，对方当事人可以合同解除所产生的损害赔偿请求权申报债权。

（6）破产债务人是票据的出票人，该票据的付款人继续付款或者承兑的，付款人以由此产生的请求权申报债权。

法条链接《企业破产法》第 46、47、53、55 条。

4. 不可作为破产债权申报的类型

（1）破产申请受理后，债务人欠缴款项产生的滞纳金，包括债务人未履行生效法律文书应当加倍支付的迟延利息和劳动保险金的滞纳金，不作为破产债权申报。

（2）罚金、罚款、违约金，不得申报。

（3）职工债权不必申报，由管理人调查后列出清单并予以公示。

职工债权，是指债务人所欠的职工的工资和医疗、伤残补助、抚恤费用，所欠的应当划入职工个人账户的基本养老保险、基本医疗保险费用，以及法律、行政法规规定应当支付给职工的补偿金。

【法条链接】《企业破产法》第48条第2款；《破产法解释（三）》第3条。

三、对共益债务的处理

（一）共益债务的范围

共益债务，是指法院受理破产申请后，为全体债权人的共同利益而管理、变价和分配破产财产而负担的债务。与之相对应的债权人一方称为"共益债权人"。具体包括：

1. 合同之债。其指破产受理后，因管理人或债务人请求对方当事人履行双方均未履行完毕的合同所产生的债务。

2. 侵权之债

（1）破产受理后，管理人或者相关人员执行职务致人损害所产生的债务；

（2）破产受理后，债务人财产致人损害所产生的债务。

3. 无因管理之债。其指破产受理后，债务人财产受无因管理所产生的债务。

4. 不当得利之债。其指破产受理后，因债务人不当得利所产生的债务。

5. 为继续营业发生的债务（可优先于普通破产债权清偿，但不可主张优先于此前已就债务人特定财产享有担保的债权清偿）

（1）为债务人继续营业而应支付的劳动报酬和社会保险费用以及由此产生的其他债务；

（2）管理人或自行管理的债务人可以为债务人继续营业而借款。

【法条链接】《企业破产法》第42条（共益债务）；《破产法解释（三）》第2条（新借款，属于共益债务）。

迷你案例

案情：A公司2021年1月被受理破产，7月当地突发暴雨灾害。B公司做主替A公司将价值100万元的货物运到安全地带，B公司花费搬运费5万元。B公司避免了A公司其他债权人更大的损失。

问题：该项债务应当如何清偿？

答案：该项无因管理产生的债务发生在 A 公司被受理破产之后，避免了 A 公司财产更大的损失，对现有 A 公司债权人均会产生益处，其性质为"共益债务"，应当随时清偿。

（二）共益债务的清偿

清偿规则：

1. 债务人财产足以清偿破产费用和共益债务时，二者的清偿不分先后，随时发生，随时清偿。

2. 债务人财产不足以清偿破产费用的，破产程序终结。

3. 当债务人财产不足以同时清偿破产费用和共益债务时，应当优先清偿破产费用。

4. 当债务人财产不足以清偿所有破产费用或共益债务时，按照比例清偿。

[一招制敌] 可概括为：对外按顺序，对内按比例。

[法条链接]《企业破产法》第 43 条。

37 保证债权的特殊规定 ★★★

[考查角度] 保证人破产如何处理；债务人与保证人均破产如何处理；保证人部分清偿能否申报债权。（本考点涉及民法担保规则和破产规则的结合，本身就是高难度考点，且 2021 年实施的《担保制度解释》对很多过去存在争议的问题进行了明确。预计该知识点会成为近年民法综合案例分析题偏爱的素材。）

一、债务人破产，保证人正常

A 公司欠甲银行贷款 100 万元，B 公司是该笔贷款的保证人。A 公司被受理破产，其破产清偿率为 10%，但 B 公司是正常经营的企业。[1]

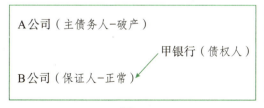

图 1

图 2

---

［1］《企业破产法》及其司法解释使用"保证人"表述，《担保制度解释》是采用"担保人"和"保证人"两种表述。本章两种表述通用，意思相同，是指"连带责任保证或一般保证"的保证人。

（一）一般规定

1. 法院受理债务人破产案件，债权人在破产程序中申报债权后又提起诉讼，请求担保人承担担保责任的，法院依法予以支持。

2. 法院受理债务人破产案件后，债权人请求担保人承担担保责任，担保人有权主张担保债务自法院受理破产申请之日起停止计息。

[原理] 因为保证债权是从属债权，既然主债务人"破产止息"，则保证债权也采用"破产止息"规则，自受理日起不再计算保证人的利息。

3. 破产人的保证人和其他连带债务人，在破产程序终结后，对债权人依照破产清算程序未受清偿的债权，依法继续承担清偿责任。

4. 担保人承担担保责任后，向和解协议或者重整计划执行完毕后的债务人追偿的，法院不予支持。

[原理] 因为重整计划是经过利害关系人表决通过的，一旦依据协议执行完毕则后账勾销，后文"重整"将涉及。

（二）债权人未向管理人申报全部债权时（图1）

上述债权人甲银行未向 A 公司的管理人申报债权时，保证人 B 公司有下列权利：

1. 债务人的保证人或其他连带债务人（B 公司）已经代替债务人（A 公司）清偿债务的，可以其对债务人（A 公司）的求偿权申报债权。

2. 债务人的保证人或其他连带债务人（B 公司）尚未代替债务人（A 公司）清偿债务的，可以其对债务人（A 公司）的将来求偿权申报债权。

（三）债权人已经向债务人的管理人申报全部债权时（图2）

上述甲银行已经向 A 公司的管理人申报全部债权，保证人 B 公司有下列权利：

1. 债权人请求保证人（B 公司）继续承担担保责任的，人民法院应予支持。

2. 保证人（B 公司）清偿债权人的全部债权后，可以代替债权人在破产程序中（A 公司的破产程序）受偿。

3. 债权人未获全部清偿前，保证人（B 公司）不得代替债权人在债务人（A 公司）的破产程序中受偿。

4. 上述第三种情形中，债权人未获全部清偿前，就债权人通过破产分配和实现担保债权等方式获得清偿总额中超出债权的部分，保证人（B 公司）有权在其承担担保责任的范围内请求债权人（甲银行）返还。

一招制敌 理解：在一个破产案件中，同一个债权人不能得到两笔清偿，即不能超过该案的破产清偿率。

法条链接《担保制度解释》第22、23条。

[例] 当甲公司向 A 公司（债务人企业）申报100万元并向 B 公司（保证人）

主张清偿时，如果保证人 B 公司仅部分代偿，比如 B 公司向甲公司清偿了 10 万元，则保证人 B 公司清偿后不得向 A 公司追偿。

因为：B 公司清偿甲公司 10 万元，如果允许 B 公司以 10 万元清偿额向 A 公司申报，则会产生 A 公司清偿 2 次的后果：

（1）A 公司清偿甲公司：10 万元。

（2）A 公司清偿 B 公司：1 万元。

所以：就该笔 100 万元债权，A 公司一共清偿 10 万元+1 万元=11 万元，清偿率为 11%，但 A 公司其他债权人的清偿率仅有 10%，这对 A 公司的其他债权人不公平。

结论：保证人 B 公司全额清偿 100 万元后，可取代债权人甲公司向 A 公司追偿。保证人 B 公司部分代偿的，清偿后不得向 A 公司追偿。

二、债务人正常，保证人破产

例如，A 公司欠甲银行贷款 100 万元，B 公司是该笔贷款的保证人。B 公司被受理破产，其破产清偿率为 10%，但 A 公司是正常经营的企业。

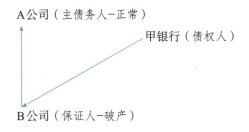

B公司可向A公司求偿

处理规则为：

1. 主债务未到期的，保证债权在保证人破产申请受理时视为到期。（加速到期）

2. 保证人被裁定进入破产程序的，债权人有权申报其对保证人的保证债权。

3. 一般保证

（1）一般保证的保证人主张行使先诉抗辩权的，法院不予支持；

（2）但债权人在一般保证人破产程序中的分配额应予提存，待一般保证人应承担的保证责任确定后再按照破产清偿比例予以分配；

（3）保证人被确定应当承担保证责任的，保证人的管理人可以就保证人实际承担的清偿额向主债务人或其他债务人行使求偿权。

[法条链接]《破产法解释（三）》第 4 条。

三、债务人、保证人均破产

例如，A 公司欠甲银行贷款 100 万元，B 公司是该笔贷款的保证人。A、B 公司均被受理破产，假设二者破产清偿率均为 10%。

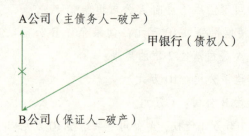

B公司不可向A公司申报

处理规则为：

1. 连带债务人数人被裁定适用破产程序的，其债权人有权就全部债权分别在各破产案件中申报债权。所以，债权人有权向债务人、保证人分别申报债权。

2. 债权人向债务人、保证人均申报全部债权的，从一方破产程序中获得清偿后，其对另一方的债权额不作调整，但债权人的受偿额不得超出其债权总额。

3. 保证人履行保证责任后不再享有求偿权。

例如，当 A、B 公司均破产，现甲银行向 A、B 公司均申报 100 万元。

则：B 公司清偿后不得向 A 公司追偿。

因为：B 公司清偿甲银行 10 万元，如果允许 B 公司以 10 万元清偿额向 A 公司申报，则会产生 A 公司清偿 2 次的后果，即 A 公司清偿甲银行 10 万元，A 公司清偿 B 公司 1 万元。

结论：保证人 B 公司破产，肯定不能全部代偿，只能是部分代偿，所以 B 公司清偿后不得向 A 公司追偿。

法条链接《企业破产法》第 52 条；《破产法解释（三）》第 5 条。

38 涉及债务人财产的纠纷 ★★

☑ 考查角度

1. 分析针对债务人财产的各种处理，如取回、追回、撤销、抵销是否有效。

2. 重要性略低于上文"保证债权""破产债权"，但因涉及《公司法》《民法典》相关规则，也请同学们加以关注。

债务人财产，包括破产申请受理时属于债务人的全部财产，以及破产申请受理后至破产程序终结前债务人取得的财产。

一、对未缴出资、非正常收入的处理（追回权）

追回权包括对出资的追回，以及对董、监、高非正常收入的追回，追回的财产属于债务人财产。具体包括：

（一）对出资人未缴出资的追回

1. 法院受理破产申请后，债务人的出资人尚未完全履行出资义务的，管理人应当要求该出资人缴纳所认缴的出资，而不受出资期限的限制。

2. 出资人以违反出资义务已经超过诉讼时效为由抗辩的，法院不予支持。

3. 管理人主张公司的发起人、负有监督股东履行出资义务的董事、高级管理人员，或者协助抽逃出资的其他股东、董事、高级管理人员、实际控制人等，对股东违反出资义务或者抽逃出资承担相应责任，并将财产归入债务人财产的，法院应予支持。

法条链接《企业破产法》第35条；《破产法解释（二）》第20条。

迷你案例

案情：殷某是萱草公司的股东，但拖欠出资款10万元。基于一份有效的购货协议，萱草公司尚欠殷某货款10万元。

问题：人民法院受理萱草公司破产申请后，殷某主张双方均无需清偿，是否符合法律规定？

答案：不符合。因为前者为"股权"，不受出资期限和诉讼时效的影响，殷某应向萱草公司管理人支付10万元。但后者性质为"债权"，殷某向萱草公司申报债权10万元，萱草公司按照破产清偿率（如10%），仅需向殷某支付1万元。所以，股权和债权二者性质不同，不可相互抵销。

（二）对董、监、高非正常收入的追回

1. 债务人的董事、监事和高级管理人员利用职权侵占的企业财产，管理人应当追回。

2. 债务人的董事、监事和高级管理人员利用职权从企业获取的非正常收入，管理人应当追回。

3. "非正常收入"的范围和处理

（1）范围。债务人出现破产原因时，其董事、监事和高级管理人员利用职权获取的以下收入，为非正常收入：绩效奖金；普遍拖欠职工工资情况下获取的工资性收入；其他非正常收入。

（2）处理："先退后要"

上述非正常收入被管理人追回后，相当于债务人欠其董事、监事、高级管理人员的绩效奖金、工资等，所以，董事、监事、高级管理人员可以要求债务人企业返还。

事　　　由		处　　　理
情形1	董事、监事、高级管理人员因返还"绩效奖金"形成的债权	按普通破产债权顺序清偿。
情形2	董事、监事、高级管理人员因返还"普遍拖欠职工工资情况下获取的工资性收入"形成的债权	高出该企业职工平均工资计算的部分→按普通破产债权顺序清偿。
		按照该企业职工平均工资计算的部分→按职工工资顺序清偿。

一招制敌 "先退后要"：①高工资+奖金→普通破产债权顺序（最后顺序）；②低平工资→工资清偿顺序（第一顺序）。

法条链接《企业破产法》第36条；《破产法解释（二）》第24条。

案情： 2020年6月，萱草公司被法院受理破产。管理人查明财务经理栗子自2020年1月起，每月自公司领取奖金4万元。

问题： 就栗子所领取的奖金，管理人应如何处理？

答案： 管理人应向栗子请求返还所获取的收入，且可以通过起诉方式来予以追回。

二、对破产受理前无偿转让、提前清偿债务的处理（撤销权）

"撤销权"制度，是为了维持破产前的合理秩序。

当债务人被法院受理破产之前，经营已经出现困境或者即将陷于无力偿债的情况，此时该企业恶意处分财产或者对个别债权人清偿，会导致企业财产难以保全，将损害其他债权人的利益。这有违《企业破产法》公平清偿和企业维持的合理预期。

为了实现债权人之间的公平清偿以及免受债务人企业的恶意损害，《企业破产法》规定了"在受理破产前1年内"，债务人某些行为可以被管理人申请撤销。

（一）破产受理前1年内，管理人均可撤销的情形

1. 对破产受理前1年内，涉及债务人财产的下列行为，管理人有权请求人民法院予以撤销：

（1）无偿转让财产的。

（2）以明显不合理的价格进行交易的。

❶因撤销该交易，买卖双方应当返还从对方获取的财产或者价款；

❷对于债务人应返还受让人已支付价款所产生的债务，为"共益债务"。

（3）对没有财产担保的债务提供财产担保的。

（4）对未到期的债务提前清偿的。

（5）放弃债权的。

2. 管理人行使撤销权对应的财产，属于债务人财产。

（二）破产受理前1年内，对未到期的债务提前清偿

[图例] 破产撤销权

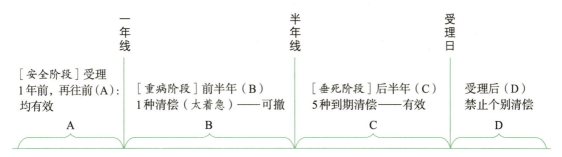

1. 规则1：清偿日在上图B时间段

（1）清偿已到期的债务→有效清偿；

（2）清偿未到期债务+该债务到期日在破产受理日后→可撤销；

（3）清偿未到期债务+该债务到期日在破产受理日前→有效清偿。

一招制敌 B时间段，仅"太着急"的提前清偿可撤销，其他清偿均有效。

法条链接《企业破产法》第31条；《破产法解释（二）》第12条。

2. 规则2：清偿日在上图C时间段（受理破产申请前6个月内）+出现破产原因

（1）清偿未到期债务→管理人均可撤销。

（2）清偿已经到期的债务：

[原则] 管理人可撤销。（此时企业的经营状况更差，个别清偿的恶意明显，即使对已经到期的债务的清偿，管理人也可撤销）

[例外] 但是个别清偿使债务人财产受益的，该清偿有效。这具体包括下列五种情况：

有效清偿1：债务人对以自有财产设定担保物权的债权进行的个别清偿，管理人请求撤销的，法院不予支持。但是，债务清偿时担保财产的价值低于债权额的除外。

有效清偿2：债务人经诉讼、仲裁、执行程序对债权人进行的个别清偿，管理人请求撤销的，法院不予支持。但是，债务人与债权人恶意串通损害其他债权人利益的除外。

有效清偿3：债务人为维系基本生产需要而支付水费、电费等的个别清偿，不可撤销。

有效清偿4：债务人支付劳动报酬、人身损害赔偿金的，不可撤销。（提示：不含财产损害赔偿金）

有效清偿5：使债务人财产受益的其他个别清偿，不可撤销。

一招制敌 C时间段，牢记五种清偿有效：①优质债权；②法定清偿；③水电费；

④工资；⑤人身损害赔偿金。

[法条链接]《企业破产法》第 32 条；《破产法解释（二）》第 12、14~16 条。

（三）管理人行使撤销权的后果

1. 被撤销后，债务人所实施的交易行为失去效力。

2. 管理人行使撤销权对应的财产，列入债务人财产。

三、对互负债权债务抵销合法性的判断（抵销权）

破产抵销权，是指债权人在破产申请受理前对债务人负有债务的，可以向管理人主张抵销。

[提示] 管理人不得主动抵销债务人与债权人的互负债务，但抵销使债务人财产受益的除外。

（一）允许的破产抵销情形

1. 善意形成互负债权债务关系，可以抵销。

"善意" 是指：

（1）对方因为法律规定或者有破产申请 1 年前所发生的原因，而负担债务或取得债权的→可抵销。

（2）对方不明知债务人企业出现破产原因，而负担债务或取得债权的→可抵销。例如：

❶A 公司欠 B 公司 10 万元货款，B 公司也欠 A 公司 10 万元运费。两个合同均签订于 A 公司被法院受理破产申请 1 年前。此时间段，A 公司尚在正常经营，法律推定该 "互负债权债务" 为 "善意"。

❷A 公司虽然出现破产原因，但对方 B 公司有证据证明不知情，二者形成的 "互负债权债务" 为 "善意"。

处理：上述互负债权债务，在破产受理时尚未到期，债权人可向管理人主张抵销。

上述互负债权债务，破产受理前已经到期，可依据《民法典》的规则抵销。

2. 破产申请受理时，债务人对债权人负有的债务尚未到期的（或债权人对债务人负有的债务尚未到期），可以抵销。

3. 双方互负债务标的物种类、品质不同的，可以抵销。

4. 未抵销的债权列入破产债权，参加破产分配。

（二）禁止的破产抵销情形

1. 股权和债权，禁止抵销。

（1）债务人的股东，因欠缴债务人的出资（或抽逃出资）对债务人所负的债务，与债务人对其负有的债务→禁止抵销；（债股禁止抵销）

（2）债务人的股东，滥用股东权利（或关联关系）损害公司利益对债务人所负的债务，与债务人对其负有的债务→禁止抵销。

2. 受理破产前1年内（突击）+明知，对方仍对债务人负担债务或取得债权，此时需依据"债务到期时间"，区分能否抵销。

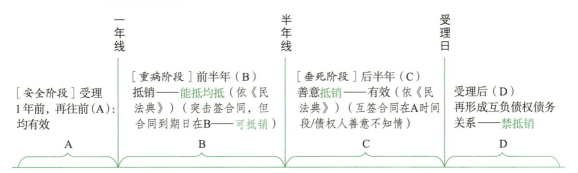

（1）互负债权债务的到期日在"半年线之前"（B段），均可以抵销。（虽然互负债权债务关系属于"突击+明知"形成，但企业是否必然走向破产程序尚不明确。所以允许双方依据《民法典》的规则抵销。）

（2）互负债权债务的到期日在"半年线之后"（C段），此时企业处于高风险，破产预期明显。所以，即使符合《民法典》中的债权债务抵销规则，在破产受理之日起3个月内，管理人也可向法院提起诉讼，主张该抵销无效。（禁止抵销）[1]

3. 债务人的债务人（即次债务人），在破产申请受理后取得他人对债务人的债权的，禁止抵销。

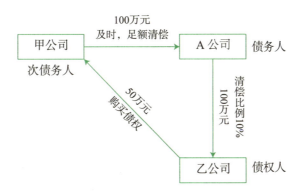

例如，A公司被受理破产后，甲（次债务人）以50万元购买了"乙对A公司的100万元债权"（恶意明显），则形式上"甲-A"形成"互负债权债务"。

---

[1] 法条依据：《破产法解释（二）》第44条规定，破产申请受理前6个月内，债务人有《企业破产法》第2条第1款规定的情形，债务人与个别债权人以抵销方式对个别债权人清偿，其抵销的债权债务属于《企业破产法》第40条第2、3项规定的情形之一，管理人在破产申请受理之日起3个月内向人民法院提起诉讼，主张该抵销无效的，人民法院应予支持。

若"甲－A"抵销,甲无需支付 100 万元,这会造成 A 公司财产减少,影响了 A 公司其他债权人的利益。

结论:甲－A:禁止抵销。

[法条链接] 抵销权:《企业破产法》第 40 条;《破产法解释(二)》第 44~46 条。

四、对债务人占有的他人财产的处理(权利人的取回权)

权利人的取回权,是指人民法院受理破产申请后,债务人占有的不属于债务人的财产,该财产的权利人可以通过管理人取回。但是《企业破产法》另有规定的除外。(另有规定,如重整程序取回权受到限制)

要点为:

1. "占有的不属于债务人的财产",是指债务人基于仓储、保管、承揽、代销、借用、寄存、租赁等合同或者其他法律关系占有、使用的他人财产。这些财产不属于债务人财产,权利人可取回。

2. 权利人应当向管理人主张取回权。

3. 上述占有的他人财产,债务人违法转让给第三人的处理。

(1) 无权处分行为,发生在破产申请受理前:

行　　　为	处　　　理
情形 1 第三人符合《民法典》第 311 条规定的"善意取得"条件	(1) 第三人取得该财产所有权; (2) 原权利人无法取回该财产,因财产损失形成的债权,作为普通破产债权清偿。
情形 2 第三人不符合《民法典》第 311 条规定的"善意取得"条件	(1) 第三人已向债务人支付了转让价款,但不符合善意取得条件,对因第三人已支付对价而产生的债务,作为普通破产债权清偿; (2) 原权利人可取回转让财产。

(2) 无权处分行为,发生在破产申请受理后:

行　　　为	处　　　理
情形 1 第三人符合《民法典》第 311 条规定的"善意取得"条件	(1) 第三人取得该财产所有权; (2) 原权利人无法取回该财产,因管理人或相关人员执行职务导致原权利人损害产生的债务,作为共益债务清偿。
情形 2 第三人不符合《民法典》第 311 条规定的"善意取得"条件	(1) 第三人已向债务人支付了转让价款,但不符合善意取得条件,对因第三人已支付对价而产生的债务,作为共益债务清偿; (2) 原权利人可取回转让财产。

一招制敌

⊙ 受理前违法转让、毁损灭失赔偿——破产债权。

⊙ 受理后违法转让、毁损灭失赔偿——共益债务。

法条链接《破产法解释（二）》第30、31条。

迷你案例

案情：萱草公司是 A 公司的货物保管人，萱草公司 2020 年 1 月被受理破产。2020 年 6 月，萱草公司管理人将保管的 A 公司的一批货物出售给 C 公司。

问题：该案应当如何处理？

答案：要区分情况分析：

[情形1] C 公司符合善意取得，则 C 公司取得货物的所有权。A 公司的损失作为共益债务得到清偿。

[情形2] C 公司不符合善意取得，则 A 公司可以取回货物。C 公司的价款损失，可作为共益债务。

五、出卖人对在途货物的取回权

该知识点是为解决异地交易中买受方破产，对在途标的物的处理。要点为：

1. 法院受理破产申请时，出卖人已将买卖标的物向作为买受人的债务人发运，债务人尚未收到且未付清全部价款的，出卖人可以取回在运途中的标的物（限于"在途标的物"）。但是，管理人可以支付全部价款，请求出卖人交付标的物。

2. 在货物未达管理人前，出卖人已向管理人（或者通知承运人或者实际占有人中止运输等方式）对在运途中标的物主张了取回权但未能实现的，在买卖标的物到达管理人后，出卖人有权向管理人主张取回。

3. 出卖人对在运途中标的物未及时行使取回权，在买卖标的物到达管理人后向管理人行使在运途中标的物取回权的，管理人不应准许。出卖人就所欠价款可以申报债权。

例如，在合同订立后货物运输途中，该批货物价格暴涨，管理人依原合同支付价款（价低），然后可将货物按现价（价高）出售，这样可以最大限度维护现有债权人的利益。

一招制敌 货物在途时，出卖人只要"主张取回"即可。

法条链接《企业破产法》第39条；《破产法解释（二）》第39条。

六、基于所有权保留买卖协议的取回权

所有权保留买卖协议，是指当事人可以在买卖合同中约定买受人未履行支付价款或者其他义务的，标的物的所有权属于出卖人。

在签订了所有权保留买卖条款的合同中，标的物所有权未转移给买受人前，一方当事人破产的，该买卖合同属于双方均未履行完毕的合同，管理人依据对债务人企业利益最大化原则，有权决定解除或者继续履行合同。

[法条链接]《破产法解释（二）》第2条第2项、第34条。

迷你案例

案情：萱草公司被法院受理破产。管理人查明，萱草公司一批100万元的办公设备购买自甲公司，双方签订的所有权保留买卖合同约定，设备分三期付款，并约定萱草公司未履行完价款总额75%的，电脑等办公设备所有权归甲公司。萱草公司付完首付款20%后，其余款项一直拖欠，经催告后在合理期限内仍未支付。

问题：萱草公司被受理破产后，它和甲公司所签的所有权保留买卖合同如何处理？

答案：该类合同定性为"双方均未履行完毕的合同"，决定权归破产管理人，管理人要分情况处理。

[情形1] 萱草公司管理人决定继续履行所有权保留买卖合同的，管理人应当及时向甲公司支付价款或者履行其他义务。若管理人无正当理由未及时支付价款等，甲公司可主张取回标的物。

[情形2] 萱草公司管理人决定解除所有权保留买卖合同的，甲公司可主张取回买卖标的物，但应归还萱草公司所付价款。

第 3 章

··· 其他商事法 ···

◥ 考情提示

考查角度	考查年份/次数		考点概述
公司涉及票据纠纷	2006 年	1 次	票据的出票规则、背书规则、保证规则、承兑和付款的具体规则。
	2019 年（票据质押）	1 次	和民法结合，可考查民事合同效力瑕疵对票据的影响；票据质押；票据保证（保证的设定、和民事担保的区别）。
上市公司涉及《证券法》纠纷	无	预 测	(1) A 上市公司在交易中出现各种违法情形的处理；(2) 上市公司虚假信息披露导致投资者受到损失，涉及非诉讼解决方式，以及特殊的诉讼规则。
公司涉及《保险法》纠纷	2017 年民法（包含一问）	1 次	发生财产保险事故，保险人对财产损失的赔偿规则。
合伙企业法	2022 年	1 次	某合伙企业成为公司股东之一，可和《公司法》结合考查合伙企业制度。

第 **15** 讲

公司涉及票据纠纷

◥ 考情分析

1. 票据法偶尔会在主观题中出现（到 2021 年为止共考过 2 次：2006 年、2019 年）。票据相关知识点一般是在与民法、民事诉讼法结合的综合试题中出现。

2. 票据法和民法结合的点包括票据质押、票据付款、票据担保，和民事诉讼法结合的点包括公示催告、票据诉讼。

🅾考点 **39** 票据行为（票据记载事项）★★★

> 📎**考查角度**
>
> 1. 考查各类票据行为的具体规则，出票、背书是常考点。
> 2. 到目前为止，票据试题主观题均集中于票据行为，但均为记忆类型考点，难度较低。

一、票据行为的具体规则

票据行为，是指以行为人在票据上进行必备事项的记载、完成签名并予以交付为要件，以发生或转移票据上权利、负担票据上债务为目的的要式法律行为。

汇票的票据行为包括：出票、背书、保证、承兑和付款。

《票据法》上的票据包括汇票、本票和支票。主观题集中考查汇票，本书仅介绍汇票相关制度。

（一）出票规则

出票，是指出票人签发票据并交付给收款人的票据行为。

出票是创设票据和签发票据的行为，该行为被称为"主票据行为"。根据"票据设权性"的特征可知，出票违法，将导致票据不能做成，进而没有创设票据权利。

出票规则包括：

1. 汇票出票时必须记载下列事项：表明"汇票"的字样；出票日期；出票人签章、付款人名称、收款人名称；无条件支付的委托。汇票上未记载规定事项之一的，汇票无效。

2. 出票时必须记载确定的金额；票据金额以中文大写和数码同时记载，二者必须一致，二者不一致的，票据无效。

例如，A公司基于买卖合同出具一张10万元汇票给B公司，A公司出票时注明"验货合格才付款"，这构成"有条件支付"，会导致该票据无效。因为票据权利应当和民事权利相分离，出票时要设定独立的、不依附于民事合同的"票据权利"。

　一招制敌 出票绝对记载：出票日三人无钱。

　法条链接《票据法》第21、22条。

3. 出票人记载"不得转让"字样，处理为：

（1）票据是有效票据。

（2）出票人记载"不得转让"字样的，汇票不得转让。票据持有人背书转让的，背书行为无效。

（3）背书转让后的受让人不得享有票据权利，票据的出票人、承兑人对受让人不承担票据责任。理论上，此种转让只是一般指名债权的转让。

一招制敌 出票人记载的禁止文句，对全体后手均有约束性。

法条链接《票据法》第 27 条第 2 款（禁转字样）。

（二）背书规则

背书，是指在票据背面或者粘单上记载有关事项并签章的票据行为。

通过"背书"，持票人可以将汇票权利转让给他人或者将一定的汇票权利授予他人行使。

重要的背书规则包括：

1. 以背书转让的汇票，背书应当连续。持票人以背书的连续，证明其汇票权利。

背书连续，是指在票据转让中，转让汇票的背书人与受让汇票的被背书人在汇票上的签章依次前后衔接。

2. 附条件背书

附条件背书，是指背书人在票据背书时附有民事合同的条件。规则为：

（1）背书不得附条件。背书时附有条件的，所附条件不具有汇票上的效力。

（2）附条件背书是违反票据法的行为，但票据有效。

例如，A 出具票据给 B，B 背书转让票据给 C 时，记载"验货合格（此为民事条件）则承担票据责任"。该票据仍然有效，但此句话等于没写。

法条链接《票据法》第 33 条（附条件背书，禁止分别背书）。

3. 禁转背书

禁转背书，是指背书人在汇票上记载"不得转让"字样。规则为：

（1）其后手再背书转让的，原背书人对后手的被背书人不承担保证责任；

（2）但不影响出票人、承兑人以及原背书人之前手的票据责任。

法条链接《票据法》第 34 条；《票据规定》第 50、53 条。

[图例]

4. 期后背书

期后背书，是指汇票被<u>拒绝承兑</u>、<u>被拒绝付款</u>或者<u>超过付款提示期限</u>，仍然将该票据背书转让给后手。

（1）出现上述情形，<u>不得背书转让</u>。

（2）若上述情形下背书转让的，背书人应当承担汇票责任。被背书人以<u>背书人</u>为被告行使追索权而提起诉讼的，法院应当依法受理。

例如，A出具票据给B，B背书转让给C，C到期被付款人拒绝付款，然后C基于买卖关系将该票据背书转让给D。则C-D之间的法律关系为"期后背书"，D也被付款人拒付，行使追索权时，仅C对D承担票据责任，免除了A和B的票据责任。即"期后背书，谁背书谁担责"。

法条链接《票据法》第36条；《票据规定》第3条。

5. 回头背书

（1）持票人为出票人的，对其前手无追索权；

（2）持票人为背书人的，对其后手无追索权。

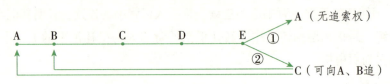

回头背书（《票据法》第69条）

图中①表示：E和A签订一份购销合同，E用以付款的汇票恰好是A出票。所以A有两重身份：出票人+持票人。此时，A无追索权。

图中②表示：E和C签订一份购销合同，E用以付款的汇票是C背书给D，D又背书给E，现在E再次背书给C。所以C有两重身份：背书人+持票人。此时，C可以向A和B行使追索权，但C不可向D和E追索。

法条链接《票据法》第69条。

（三）保证规则

票据保证，是指票据债务人以外的第三人，担保特定的票据债务人能够履行票据债务的票据行为。保证人对合法取得汇票的持票人所享有的汇票权利，承担保证责任。

1. 保证人必须在汇票（或粘单上）记载下列事项：

（1）表明"保证"的字样，或记载保证文句。保证文句一般不事先印制在票据用纸上，需要保证人为保证行为时，特别加以记载。保证人未在票据或者粘单上记载保证文句而是另行签订保证合同或者保证条款的，<u>不构成票据保证</u>。

（2）保证人名称和住所。

（3）保证人签章。

（4）被保证人的名称。如果保证人在汇票或者粘单上未记载"被保证人名称"，已承兑的汇票，承兑人为被保证人；未承兑的汇票，出票人为被保证人。

（5）保证日期。如果保证人在汇票或者粘单上未记载"保证日期"，出票日期为保证日期。

一招制敌 保证设定："字样+签章"。

2. 票据保证不得附条件

（1）保证附条件，是违反票据法的行为，该条件视为无记载；

（2）但该张票据有效，票据保证行为有效。

例如，保证人记载"验货合格（此为民事条件）则承担保证责任"。该票据有效，但此句话等于没写。

3. 票据保证的法律效力

（1）票据保证人的责任是独立责任。其指保证人对合法取得汇票的持票人所享有的汇票权利承担保证责任。但是，被保证人的债务因汇票记载事项欠缺而无效的除外。

（2）票据保证人的责任是连带责任。票据保证人，不享有一般保证中保证人的催告抗辩权或先诉抗辩权。

（3）保证人为2人以上时，保证人之间承担连带责任。

（4）票据保证人清偿汇票债务后，可以行使持票人对被保证人及其前手的追索权。

法条链接 《票据法》第45~52条。

迷你案例

案情：甲公司与乙公司交易中获面额为100万元的汇票一张，出票人为乙公司，付款人为丙银行，汇票上有丁、戊两公司的担保签章。同时丁与戊在担保合同中明确，由丁公司担保票据金额80万元，戊公司担保票据金额20万元。后丙银行拒绝承兑该汇票，持票人甲公司遂要求丁、戊两公司承担连带责任，但丁公司和戊公司要求按照合同分别承担80万元和20万元的票据保证责任。

问题：丁公司和戊公司的主张能否得到法院支持？

答案：不能。丁公司和戊公司的票据保证有效，二者应当对持票人承担连带责任。至于丁公司与戊公司另行签订保证合同不属于票据保证，并且票据权利不可分割，所以二人依据担保合同承担票据保证责任的主张不能得到支持。

（四）承兑规则

1. 承兑，是指远期汇票的付款人承诺到期支付票据金额的票据行为。

2. 付款人承兑汇票，不得附有条件。承兑附有条件的，视为拒绝承兑。例如，承兑时记载"验货合格后承兑"，此为附加民事合同的条件，后果是拒绝承兑。

3. 付款人承兑汇票后，应当承担到期付款的责任。

法条链接《票据法》第38、43、44条。

（五）付款规则

1. 票据付款人及其代理付款人付款时，应当审查汇票背书的连续，并审查提示付款人的合法身份证明或者有效证件。

2. 付款人及其代理付款人以恶意或者有重大过失付款的，应当自行承担责任。

3. 付款人在到期日前付款的，由付款人自行承担所产生的责任。

例如，汇票持票人 C 公司在汇票到期后请求承兑人乙公司付款，乙公司明知该汇票的出票人 A 公司已被法院宣告破产，但乙公司已经承兑，仍应当承担付款责任。乙公司付款后可以向出票人 A 公司的破产管理人申报破产债权。

法条链接《票据法》第57、58条。

二、违法票据行为的处理

（一）伪造签章

1. 伪造签章，是指假借他人的名义在票据上为一定的票据行为。

2. 票据签章，为签名、盖章或者签名加盖章。法人和其他使用票据的单位在票据上的签章，为该法人或者该单位的盖章加其法定代表人或者其授权的代理人的签章。

3. 处理规则

（1）票据上有伪造的签章，不影响票据上其他真实签章的效力；

（2）其他签章人仍需依其签章按照票据所载文义承担票据责任；

（3）伪造签章人、被伪造签章人：均不承担票据责任。

例如，张三模仿李四的笔迹，在票据上签名"李四"。二人均不承担票据责任，因为张三并未"显名"，依据"文义性"，张三不承担票据责任，但张三可能承担民事责任、行政责任和刑事责任。

法条链接《票据法》第14条第1、2款。

迷你案例

案情：甲公司为清偿对乙公司的欠款，开出一张收款人是乙公司财务部长李某的汇票。李某不慎将汇票丢失，王某拾得后在汇票上伪造了李某的签章，并将汇票背书转让给外地的丙公司，用来支付购买丙公司电缆的货款，王某收到电缆后转卖得款，之后不知所踪。

问题：该张汇票是否有效？若被拒绝付款，李某和王某是否要对丙公司承担票据责任？

答案：（1）票据有效。《票据法》第14条第2款规定："票据上有伪造、变造的签章的，不影响票据上其他真实签章的效力。"可知，该票据有效。

（2）李某和王某均不承担票据责任。（《票据规定》第66条规定："……伪造、变造票据者除应当依法承担刑事、行政责任外，给他人造成损失的，还应当承担民事赔偿责任。被伪造签章者不承担票据责任。"）本案中，票据上的签章"李某"系由王某伪造，并非李某真实签章，故李某不承担票据责任。王某伪造李某签章，该张票据上显现的签章是"李某"（尽管是被伪造），该票据上签章并没有出现"王某"字样，故王某也不承担票据责任。

（二）代理签章

票据当事人可以委托其代理人在票据上签章，并应当在票据上表明其代理关系。处理规则：

1. 没有代理权而以代理人名义在票据上签章的，应当由签章人承担票据责任。

2. 代理人超越代理权限的，应当就其超越权限的部分承担票据责任。

例如，张三是代理人，以自己名义（张三）在票据上签章，并在票据上明确表明"为被代理人 A 公司"从事票据行为。若张三是无权或越权代理，由张三承担票据责任。

法条链接《票据法》第 5 条。

（三）无民事行为能力人或限制民事行为能力人签章

处理规则：其签章无效；但是，不影响其他签章的效力。

法条链接《票据法》第 6 条。

考点 40　票据法与民法、民事诉讼程序的结合 ★ ★

> ▼ 考查角度
>
> 1. 和民法结合，可考查民事合同效力瑕疵对票据的影响（无因性、票据对人抗辩理由）；票据质押；票据保证（保证的设定、和民事担保的区别）。
> 2. 和民诉结合，如票据丢失的公示催告。

一、和民法结合知识点

（一）票据"无因性"原理的适用

1. 票据具有无因性（无因证券），是指票据权利人在行使票据权利时，无须证明给付原因（民事合同），权利人享有票据权利以持有有效票据为必要。

例如，熊某因出差借款，财务部门按规定给熊某开具了一张载明金额 1 万元的现金支票。熊某持支票到银行取款，银行实习生马某问："你为什么要借 1 万元?"熊某拒绝回答，马某遂拒绝付款。本案，马某拒绝付款违反票据法，马某询问熊某取得票据的原因，违反了票据无因性原理。

2.《票据法》第10条同时规定，票据的签发、取得和转让，应当遵循诚实信用的原则，具有真实的交易关系和债权债务关系。票据的取得，必须给付对价，即应当给付票据双方当事人认可的相对应的代价。

3. 票据原因关系只存在于授受票据的直接当事人之间，票据一经转让，对通过背书受让该票据的持票人，以原因关系违法进行抗辩的，法院不予支持。（详见"票据抗辩"）

例如，A和B签订买卖合同，A是买受人，B是出卖人。A向B签发10万元汇票为该笔货物付款。B和C签订一购销合同，B是买受人，C是出卖人，现B将A出票的该10万元汇票背书转让给C作为付款。若A和B之间购销合同无效，A不得以该理由抗辩C，也就是不得以A–B之间原因关系瑕疵拒绝向C支付票据金额。

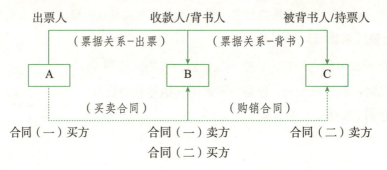

法条链接《票据法》第10、13条。

（二）可以民事违约为由行使的票据抗辩（对人抗辩）

票据抗辩可分为"对物的抗辩""对人的抗辩"两类。（对物抗辩，主观题可忽略）

对人的抗辩，是指因票据债务人和特定的票据权利人之间存在一定关系而发生的抗辩。该类抗辩理由中，票据是合法的，抗辩的理由来源于当事人之间的个人因素。

对人抗辩规则具体包括：

1. 票据债务人可以对不履行约定义务的与自己有直接债权债务关系的持票人，进行抗辩。

2. 票据债务人不得以自己与出票人或者与持票人的前手之间的抗辩事由，对抗持票人。（抗辩被切断）

3. 但是，持票人明知存在上述第二种情形的抗辩事由而取得票据的，票据债务人可以对抗该知情的持票人。（抗辩可延续）

4. 因税收、继承、赠与可以依法无偿取得票据的，不受给付对价的限制。但是，所享有的票据权利不得优于其（直接）前手的权利。（抗辩可延续）

[图例] 前提：A出票给B，B不交付货物给A（B违约）。

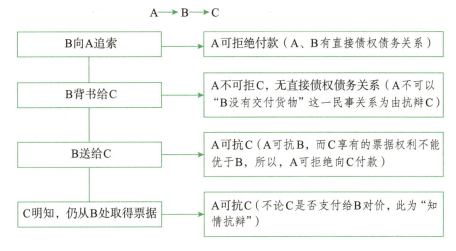

票据抗辩的限制（对人抗辩）

一招制敌 牢记"直接当事人"之间，才可用合同违约的理由，主张对票据抗辩。

法条链接《票据法》第11条第1款、第13条第1、2款。

迷你案例

案情：萱草公司为支付货款向楚一公司开具一张金额为20万元的银行承兑汇票，付款银行为甲银行。萱草公司收到楚一公司货物后发现有质量问题，立即通知甲银行停止付款。另外，楚一公司尚欠甲银行贷款30万元未清偿。

问1：甲银行以楚一公司尚欠其贷款未还为由拒绝付款，能否得到法院支持？

答案：不能。甲银行可以楚一公司是不履行约定义务（欠贷未还）的、与自己有直接债权债务关系的持票人为由进行抗辩。

问2：萱草公司是否有权以货物质量瑕疵为由请求甲银行停止付款？

答案：不能。本案中，萱草公司的通知内容是"萱草公司—楚一公司"之间的合同纠纷，该通知对甲银行没有约束力。

（三）票据"质押""附条件记载""保证"字样记载（总结）

1. 汇票质押的设定和效力

（1）汇票可以设定质押；质押时应当以背书记载"质押"字样。被背书人依法实现其质权时，可以行使汇票权利。

法条链接《票据法》第35条第2款。

（2）以汇票设定质押时，出质人在汇票上只记载了"质押"字样未在票据上签章的，或者出质人未在汇票、粘单上记载"质押"字样而另行签订质押合同、质押条款的，不构成票据质押。

一招制敌 质押设立：字样+签章。

（3）出票人在票据上记载"不得转让"字样，其后手以此票据质押的，通过质押取得票据的持票人主张票据权利的，法院不予支持。

法条链接《票据法》第54条（禁止转质押）。

（4）背书人记载"质押"字样。

定性：因票据质权人（后手）以质押票据再行背书质押引起纠纷而提起诉讼的，法院应当认定背书行为无效。

处理：原背书人对后手的被背书人不承担票据责任。但不影响出票人、承兑人以及原背书人之前手的票据责任。

（5）公示催告期间，以公示催告的票据质押，因质押而接受该票据的持票人主张票据权利的，不予支持，但公示催告期间届满以后法院作出除权判决以前取得该票据的除外。

法条链接《票据规定》第33条（公示催告期间禁止质押）。

迷你案例

案情：甲公司因为经营困境，将其持有的一张票据质押给债权人王某融资，但该票据有出票人A公司记载"禁止转让"字样。（改编自2020年主观题）

问题：通过质押取得票据的王某能否主张票据权利？为什么？

答案：不能。出票人已经在汇票上背书"禁止转让"，所以收款人甲公司将该张汇票再行质押是无效的。

2. 附（民事）条件记载的处理

"附条件记载事项"，是指票据记载"验货合格（此为民事条件）则承担票据责任"。不同主体记载同样的一句话，会导致不同的法律后果。总结如下：

（1）汇票必须记载"无条件支付的委托"。如果记载"附条件支付的委托"，票据无效。

（2）背书不得附有条件。背书时附有条件的，所附条件不具有汇票上的效力。

（3）保证不得附有条件；附有条件的，不影响对汇票的保证责任。

（4）付款人承兑汇票，不得附有条件；承兑附有条件的，视为拒绝承兑。

法条链接《票据法》第22条（出票）、第33条（背书）、第43条（承兑）、第48条（保证）。

3. "票据保证"的设定和效力

（1）必须在票据上表明"保证"的字样，或记载保证文句。

强调：签订保证合同或者保证条款的，不构成票据保证。

（2）即使民事合同无效，也不影响票据保证责任，除非票据无效。（"保证人对合法取得汇票的持票人所享有的汇票权利，承担保证责任。但是，被保证人的债务因汇票记载事项欠缺而无效的除外。"）

（3）票据保证责任仅有一种："连带责任"，而无"一般保证"。

（四）保兑仓交易

1. 概念

保兑仓交易作为一种新类型融资担保方式，其基本交易模式是，以银行信用为载体、以银行承兑汇票为结算工具、由银行控制货权、卖方（或者仓储方）受托保管货物并以承兑汇票与保证金之间的差额作为担保。

2. 基本的交易流程

卖方、买方和银行订立三方合作协议（保兑仓交易合同），其中买方向银行缴存一定比例的承兑保证金，银行向买方签发以卖方为收款人的银行承兑汇票，买方将银行承兑汇票交付卖方作为货款，银行根据买方缴纳的保证金的一定比例向卖方签发提货单，卖方根据提货单向买方交付对应金额的货物，买方销售货物后，将货款再缴存为保证金。

3. 权利义务

（1）银行的主要义务是及时签发承兑汇票并按约定方式将其交给卖方；银行为保障自身利益，往往还会约定卖方要将货物交给由其指定的当事人监管，并设定质押，从而涉及监管协议以及流动质押等问题。

（2）卖方的主要义务是根据银行签发的提货单发货，并在买方未及时销售或者回赎货物时，就保证金与承兑汇票之间的差额部分承担责任。

只要不违反法律、行政法规的效力性强制性规定，这些约定应当认定有效。

4. 无真实贸易背景的保兑仓交易

保兑仓交易以买卖双方有真实买卖关系为前提。双方无真实买卖关系的，该交易属于名为保兑仓交易实为借款合同，保兑仓交易因构成虚伪意思表示而无效，被隐藏的借款合同是当事人的真实意思表示，如不存在其他合同无效情形，应当认定有效。保兑仓交易认定为借款合同关系的，不影响卖方和银行之间担保关系的效力，卖方仍应当承担担保责任。

[法条链接]《九民纪要》第68、69点。

二、和民诉结合的知识点（公示催告程序）

票据丧失，失票人的补救措施包括挂失止付、公示催告、提起诉讼。

当票据被盗、遗失或者灭失，失票人可以向票据支付地的基层法院申请公示催告。

1. 公示催告期间，对票据权利的限制

（1）公示催告期间，由法院根据情况决定但不得少于60日。

（2）公示催告期间，转让票据权利的行为无效。

（3）公示催告期间，以公示催告的票据质押，因质押而接受该票据的持票人主张票据权利的，不予支持。但公示催告期间届满以后法院作出除权判决以前取得该票据的除外。

2. 支付人收到法院停止支付的通知，应当停止支付至公示催告程序终结。

3. 法院作出除权判决，宣告票据无效。

迷你案例

案情：楚一公司与萱草公司签订了一份买卖合同，由楚一公司向萱草公司供货；萱草公司经连续背书，交付给楚一公司一张已由银行承兑的汇票。楚一公司持该汇票请求银行付款时，得知该汇票已被萱草公司申请公示催告，但法院尚未作出除权判决。

问题：楚一公司是否享有该汇票的票据权利？

答案：享有。该张涉案汇票在公示催告之前，经由萱草公司交付给楚一公司，所以该转让票据权利行为是有效的。持票人楚一公司享有该汇票的票据权利。

（提示：在票据公示催告期间转让票据权利，无效）

第 16 讲
上市公司涉及《证券法》纠纷

考情分析

目前《证券法》尚未在主观题中出现，但有较大的考查概率。

考点 41 证券的发行、交易规则 ★

考查角度 A 是一家有限责任公司，现经营良好，规模越来越大，经过股权分置改革变更为 A 股份有限公司。若干年后，A 股份有限公司符合《证券法》的规定，其股票在证券交易所（如上交所、深交所、北交所）上市交易。但 A 上市公司在交易中出现各种违法情形的处理。

一、发行规则

1. 我国证券发行，分为"公开发行"和"非公开发行"两种方式。

（1）公开发行，包括：向不特定对象发行证券；向特定对象发行证券累计超过 200

人，但依法实施员工持股计划的员工人数不计算在内；法律、行政法规规定的其他发行行为。

（2）公开发行证券，采取注册制。未经依法注册，任何单位和个人不得公开发行证券。

（3）非公开发行证券，不得采用广告、公开劝诱和变相公开方式。

[法条链接]《证券法》第9条。

2. 发行价格

（1）股票发行价格可以按票面金额，也可以超过票面金额，但不得低于票面金额；

（2）股票发行价格超过票面金额的（溢价发行），其发行价格由发行人与承销的证券公司协商确定。（无需证监会审批；溢价发行款列入公司资本公积金）

[法条链接]《公司法》第127条。

3. 对涉及境外证券活动的管理

（1）在境外的证券发行和交易活动，扰乱境内市场秩序，损害境内投资者合法权益的，依照《证券法》有关规定处理并追究法律责任；

（2）境外证券监督管理机构不得在中国境内直接进行调查取证等活动；

（3）未经国务院证券监督管理机构和国务院有关主管部门同意，任何单位和个人不得擅自向境外提供与证券业务活动有关的文件和资料。

[法条链接]《证券法》第2条第4款、第177条第2款。

二、证券交易的禁止规则

（一）对交易主体的限制

持有上市公司5%以上股份的股东、董事、监事、高级管理人员（包括其配偶、父母、子女持有的及利用他人账户持有的），对该类交易主体，禁止规则为：

1. 上述人员在买入后6个月内卖出，或者在卖出后6个月内又买入，由此所得收益归该公司所有。

2. 董事会应当收回上述所得收益。董事会不执行的，负有责任的董事依法承担连带责任。

3. 股东有权要求董事会在30日内执行。

4. 董事会未在上述期限内执行的，股东有权为了公司的利益以自己的名义直接向人民法院提起诉讼。

［提示］此为"股东代表诉讼"。

[一招制敌] 6个月+买卖卖买，被禁止。

[法条链接]《证券法》第44条。

（二）对交易行为的限制

从事下列行为给投资者造成损失的，应当依法承担赔偿责任：

1. 禁止内幕交易

内幕信息，是指证券交易活动中，涉及发行人的经营、财务或者对该发行人证券的市场价格有重大影响的尚未公开的信息。例如，公司合并重整、重大投资、订立重要合同、提供重大担保或者从事关联交易等。

（1）在内幕信息公开前，内幕信息的知情人员（包括非法获取内幕信息的人员）不得买卖该公司的证券，或者泄露该信息，或者建议他人买卖该证券；

（2）知情人和非法获取内幕信息的人利用内幕信息从事证券交易活动，给投资者造成损失的，应当承担赔偿责任。

2. 禁止任何人操纵证券市场。

3. 禁止任何人编造、传播虚假信息或者误导性信息。

4. 传播媒介及其从事证券市场信息报道的工作人员不得从事与其工作职责发生利益冲突的证券买卖。

5. 其他。（略）

法条链接 《证券法》第50~56条。

三、虚假信息披露的法律责任

信息披露义务人，包括发行人及法律、行政法规和国务院证券监督管理机构规定的其他信息披露义务人。

根据《证券法》的规定，信息披露义务人未按照规定披露信息，或者信息披露资料存在虚假记载、误导性陈述或者重大遗漏，致使投资者在证券交易中遭受损失的：

1. 信息披露义务人应当承担赔偿责任。

2. 发行人的控股股东、实际控制人、董事、监事、高级管理人员和其他直接责任人员，应当与发行人承担连带赔偿责任，但是能够证明自己没有过错的除外。

3. 发行人的保荐人、承销的证券公司及其直接责任人员，应当与发行人承担连带赔偿责任，但是能够证明自己没有过错的除外。

4. 证券服务机构（是指制作、出具审计报告及其他鉴证报告、资产评估报告、财务顾问报告、资信评级报告或者法律意见书等文件的机构）制作、出具的文件有虚假记载、误导性陈述或者重大遗漏，给他人造成损失的，应当与委托人承担连带赔偿责任，但是能够证明自己没有过错的除外。

[提示] 不包含服务机构的直接责任人员。

法条链接 《证券法》第85、163条。

ⓧ考点 42　投资者因证券欺诈受到损失的救济途径 ★★

> ▣ **考查角度** 上市公司虚假信息披露导致投资者受到损失，涉及非诉讼解决方式，以及特殊的诉讼规则。

一、证券欺诈纠纷的非诉讼解决方式

1. 投资者与上市公司发生纠纷的，双方可以向投资者保护机构申请调解。
2. 投资者保护机构可以受委托就赔偿事宜与投资者达成协议，予以先行赔付。
3. 先行赔付后，可以依法向发行人以及其他连带责任人追偿。

[法条链接]《证券法》第93条、第94条第1款。

二、证券欺诈纠纷的诉讼解决方式

投资者提起虚假陈述等证券民事赔偿诉讼时，诉讼标的是同一种类，且当事人一方人数众多的，可以推选代表人进行诉讼。

1. 投资者保护机构对损害投资者利益的行为，可以依法支持投资者向法院提起诉讼。
2. 投资者保护机构，可以提起特别代表诉讼。
（1）投资者保护机构受50名以上投资者委托，可以作为代表人参加诉讼；
（2）投资者采用"默示进入，明示退出"机制。（其指经证券登记结算机构确认的权利人，该诉讼结果对其有效，只有投资者明确表示不愿意参加该诉讼的除外）
3. 受到损害的投资者，可以提起一般代表人诉讼。
（1）法院可以发出公告，说明该诉讼请求的案件情况，通知投资者在一定期间向法院登记；
（2）人民法院作出的判决、裁定，对参加登记的投资者发生效力。

例如，某债券虚假陈述案，受损害投资者30余人，推举投资者代表参加诉讼，其余投资者需向法院登记。

[法条链接]《证券法》第94条第2款、第95条。

🧍[迷你案例]

案情：经证监会认定，上市公司K药业集团连续3年实施系统性财务造假，约300亿元，涉案金额巨大，严重损害了投资者的合法权益。据估计，本案原告人数可能达到数万人，索赔规模或达数亿元。中证投服中心（投资人保护机构）准备就该案适用特别代表诉讼程序提起诉讼。

问1：投服中心要满足什么条件可以提起特别代表诉讼程序？

答案：投服中心至少要征求到 50 名符合条件的权利人委托，才可以作为代表人参加诉讼。

问2：若本案已经适用特别代表人诉讼，对于没有明确表示是否参加该诉讼的投资者，诉讼结果是否对该投资者具有法律效力？

答案：具有法律效力。《证券法》第 95 条第 3 款规定了证券欺诈中的特别代表诉讼程序，采用"明示加入、默示退出"规则，只要投资者没有明确表示不愿意参加该诉讼，其诉讼结果就对符合条件的投资者有效力。

第 **17** 讲

公司涉及《保险法》纠纷

考情分析

《保险法》仅在 2017 年民法主观题中出现过一问，考查概率低。

《保险法》出现独立主观题的可能性几乎没有，如果考查该法，案情设计基本为在一个以公司为主体的案情中，有一问涉及公司发生财产保险事故的处理。

因为考查概率低，所以本书只选取了财产保险中的常见纠纷，未涉及人身保险。

考点 **43** 财产保险的理赔规则 ★

> **考查角度** 发生特殊财产保险事故，保险人对财产损失的赔偿规则。

一、保险标的危险变化的处理（危险增加或降低）

1. 保险标的危险程度显著增加的：

（1）被保险人应当及时通知保险人，保险人可以按照合同约定增加保险费或者解除合同。解除合同的，应当将已收取的保险费（扣除应收部分后），退还投保人。

（2）被保险人未履行前述规定的通知义务的，因保险标的的危险程度显著增加而发生的保险事故，保险人不承担赔偿保险金的责任。

2. 保险标的危险程度明显减少的（或保险价值明显减少的），除合同另有约定外，保险人应当降低保险费，并按日计算退还相应的保险费。

3. 因为保险标的转让导致危险程度显著增加的：

（1）保险人自收到保险标的转让通知之日起30日内，可以按照合同约定增加保险费或者解除合同；

（2）保险人解除合同的，已收取的保险费（扣除应收部分后），退还投保人；

（3）未履行通知义务的，因转让导致保险标的的危险程度显著增加而发生的保险事故，保险人不承担赔偿保险金的责任。

[法条链接]《保险法》第49、52条，第53条第3、4款。

二、第三者造成的财产保险事故的处理（代位求偿权）

代位求偿权制度，是为了解决第三者造成的财产保险事故，《保险法》第60条第1款规定："因第三者对保险标的的损害而造成保险事故的，保险人自向被保险人赔偿保险金之日起，在赔偿金额范围内代位行使被保险人对第三者请求赔偿的权利。"这就是财产保险中特有的"代位求偿权"制度。

1. 保险人可以主张代位行使"被保险人因第三者侵权或者违约等享有的请求赔偿的权利"。

【迷你案例】

案情：A公司准备整体搬迁，和甲公司签订厂房整体搬迁和安装合同，并约定"承包人（甲公司）不得将本工程进行分包"。A公司就此搬迁向B保险公司投保"安装工程一切险"。现有一台设备需要运输，甲公司委托当地乙运输公司承运，乙公司在运输时设备滑落，造成货损100万元。

问题：B保险公司向A公司赔偿后，向甲公司主张代位赔偿，甲公司以乙公司为实际侵权人抗辩。B公司的诉讼请求能否得到法院支持？

答案：可以得到法院支持。

根据《最高人民法院关于适用〈中华人民共和国保险法〉若干问题的解释（四）》第7条的规定，发生第三人造成损害的财产保险事故，保险人有权主张代位行使被保险人因第三者侵权或者违约所享有的请求赔偿的权利。

本案虽然乙公司是造成事故的侵权方，但甲公司是违约方。所以B保险公司有权选择，它可以向甲公司或者乙公司主张赔偿责任。

2. 代位求偿权的诉讼规则

（1）保险人自向被保险人赔偿保险金之日起，在赔偿金额范围内代位行使被保险人对第三者请求赔偿的权利。

（2）保险人应以自己的名义行使保险代位求偿权。

（3）保险人代位求偿权的诉讼时效期间应自其取得代位求偿权之日起算。

（4）保险人提起代位求偿权之诉的，以被保险人与第三者之间的法律关系确定管辖法院。

（5）保险人提起代位求偿权之诉时，被保险人已经向第三者提起诉讼的，可以合并审理。

（6）保险人行使代位求偿权时，被保险人已经向第三者提起诉讼，保险人申请变更当事人，代位行使被保险人对第三者请求赔偿的权利，被保险人同意的，法院应予准许；被保险人不同意的，保险人可以作为共同原告参加诉讼。

法条链接《保险法》第60条第1款；《最高人民法院关于适用〈中华人民共和国保险法〉若干问题的解释（四）》第7、12、13条。

迷你案例

案情：栗子已经向平安保险公司投保车险。现栗子驾驶途中被李某驾驶车辆追尾，李某负事故全责。事故发生地为甲市A区，该被保险车辆登记地为甲市B区，李某的住所地为乙市C区。平安保险公司向栗子赔偿保险金后，向李某提起代位求偿权诉讼。

问题：本案哪些法院有管辖权？

答案：甲市A区法院和乙市C区法院有管辖权。因为栗子和李某之间是侵权法律关系，管辖法院的确定是侵权行为发生地或被告住所地。

第18讲
合伙企业法

▣ 考情分析

尚未出现过以一道独立试题的形式考查本法。但在2022年商法主观题中，合伙企业作为案情出现。合伙企业作为一类重要的商主体，尤其是"有限合伙企业"目前在实务中的数量和影响都很大，应当在备考时对其加以关注。

44 合伙人★

一、合伙人的要求

1. 无民事行为能力人和限制民事行为能力人不能成为普通合伙人。

2. 国有独资公司、国有企业、上市公司以及公益性的事业单位、社会团体<u>不得成</u>
<u>为普通合伙人</u>。（但可成为有限合伙人）

3. 出资方式：普通合伙人可以用货币、实物、知识产权、土地使用权或者其他财
产权利出资，也可以<u>用劳务出资</u>。但是，<u>有限合伙人不得以劳务出资</u>。（其余和普通合
伙企业相同）

[一招制敌] 能否以劳务出资、特定类型企业能否成为合伙人是常考点。

[法条链接] 《合伙企业法》第14条、第16条（出资方式）、第61~64条。

二、合伙人的变更（入伙、退伙）

1. 普通合伙人

（1）入伙时，除合伙协议另有约定外，<u>应当经全体合伙人一致同意</u>，并依法订立
<u>书面入伙协议</u>；

（2）入伙时，原合伙人应当向新合伙人如实告知原合伙企业的经营状况和财务
状况；

（3）新入伙的普通合伙人，对入伙前合伙企业的债务承担<u>无限连带责任</u>；

（4）退伙时，普通合伙人对退伙前的原因发生的合伙企业债务，承担<u>无限连带</u>
<u>责任</u>。

2. 有限合伙人

（1）入伙时，新入伙的有限合伙人，对入伙前有限合伙企业的债务，以其<u>认缴的</u>
<u>出资额为限承担责任</u>；（其余与普通合伙人相同）

（2）退伙时，有限合伙人以其认缴的出资额为限承担责任。（其他与普通合伙人相
同）

[法条链接] 《合伙企业法》第43、44条（普通合伙人入伙），第77条（有限合伙人
入伙债务清偿），第48~53条（普通合伙企业退伙）。

[迷你案例]

案情：甲企业是一家普通合伙企业，现有3名普通合伙人。因企业经营状况不佳，
2021年初找到投资方于某，订立入伙协议时，原合伙人未如实告知甲企业的经营状况和
财务状况，并且于某未经仔细调查便签订了合伙协议，并办理了工商变更登记。入伙后
于某经过查账得知甲企业实际经营不善，于是提出撤销入伙协议，但其他合伙人均不
同意。

问题：若撤销入伙协议，于某是否对入伙前甲企业的债务承担责任？

答案：要清偿。根据《民法典》第148条的规定，一方以欺诈手段，使对方在违背真
实意思的情况下实施的民事法律行为，受欺诈方有权请求人民法院或者仲裁机构予以撤销。
本案中，因于某受到欺诈，其有权主张撤销入伙协议，但这是合伙人内部关系，有过错的

一方应当赔偿对方（于某）由此所受到的损失。但是，当对外办理了合伙人变更登记，已经对债权人产生了"公示公信"的效力，所以，于某仍需要对入伙前合伙企业的债务承担无限连带责任。

⑩考点 45 合伙企业★

一、合伙事务的决议和执行规则

（一）普通合伙企业

1. 合伙协议未约定或者约定不明确的，下列事项应当经全体合伙人一致同意：

（1）改变合伙企业的名称；

（2）改变合伙企业的经营范围、主要经营场所的地点；

（3）处分合伙企业的不动产；

（4）转让或者处分合伙企业的知识产权和其他财产权利；

（5）以合伙企业名义为他人提供担保；

（6）聘任合伙人以外的人担任合伙企业的经营管理人员。

法条链接《合伙企业法》第31条。

迷你案例

案情：甲、乙、丙三人共同设立一家普通合伙企业，甲以A、B两栋房屋出资，两房屋均已经交付合伙企业使用，其中A房屋已经办理过户登记，B房屋未办理过户手续。之后甲将A、B两栋房屋卖给了吴某并告知其上述情况。企业经营中，事务执行人丙以合伙企业名义将A、B两栋房屋都进行了抵押，向银行办理贷款，所得款项用于合伙企业的日常经营。但该抵押事项未经合伙人会议讨论。

问1：吴某能否取得A房屋和B房屋的所有权？

答案：吴某不能取得A房屋的所有权，但能取得B房屋的所有权。

A房屋已经办理过户登记属于合伙企业的财产。根据《合伙企业法》第31条第3项的规定，处分合伙企业的不动产，除合伙协议另有约定外，应当经全体合伙人一致同意。本题甲擅自将属于合伙企业的A房屋转让，属于无权处分，所以第三人需要符合善意取得条件。本题中，吴某对A房屋已经办理过户登记是知情的，不可认定其为善意第三人，故不能取得A房屋所有权。

B房屋未办理过户登记，其所有权仍属于合伙人甲。甲处分属于自己的财产，并非"无权处分"，第三人当然能取得该房屋的所有权。

问2：丙的抵押行为是否有效？

答案：有效。根据《合伙企业法》第31条第5项的规定，需要经过全体合伙人一致同意的事项包括"以合伙企业名义为他人提供担保"。本案中，丙以企业资产设置抵押的目的是为"企业自己"，而非为他人，故丙的抵押行为有效。

2. 合伙企业对合伙人执行合伙事务以及对外代表合伙企业权利的限制，不得对抗善意第三人。

法条链接《合伙企业法》第37条。

3. 执行人对外代表合伙企业

（1）确定了执行人的，其他合伙人不再执行合伙事务；

（2）但非执行人以企业名义签订的合同有效；

（3）非执行人有权监督执行事务合伙人执行合伙事务的情况。

法条链接《合伙企业法》第27~29条。

（二）有限合伙企业

1. 有限合伙人不执行合伙事务，不得对外代表有限合伙企业。（由普通合伙人执行合伙事务）

2. 第三人有理由相信有限合伙人为普通合伙人并与其交易的，该有限合伙人对该笔交易承担与普通合伙人同样的责任。（表见普通合伙）

3. 有限合伙人未经授权以有限合伙企业名义与他人进行交易，给有限合伙企业或者其他合伙人造成损失的，该有限合伙人应当承担赔偿责任。

法条链接《合伙企业法》第68条第1款、第76条。

二、合伙企业的债务清偿规则

1. 合伙企业注销或被宣告破产后，原普通合伙人对合伙企业存续期间的债务仍应承担无限连带责任。（有限合伙人无需担责）

2. 合伙企业不能清偿到期债务的：

（1）普通合伙人承担无限连带责任；

（2）债权人可向法院提出破产清算申请，也可以要求普通合伙人清偿。

3. 普通合伙人退伙时，对基于其退伙前的原因发生的合伙企业债务，仍应与其他合伙人一起承担无限连带责任。

4. 合伙人转换，对企业债务的清偿

（1）有限合伙人转变为普通合伙人的，对其作为有限合伙人期间有限合伙企业发生的债务承担无限连带责任；（轻→重，都承担）

（2）普通合伙人转变为有限合伙人的，对其作为普通合伙人期间合伙企业发生的债务承担无限连带责任。（重→轻，分段担）

5. 特殊普通合伙企业（如律师事务所、会计师事务所）的债务清偿

（1）首先，以合伙企业财产承担。即，合伙人执业活动中因故意或者重大过失造成的合伙企业债务，以合伙企业财产对外承担责任后，该合伙人应当按照合伙协议的约定对给合伙企业造成的损失承担赔偿责任。（此为内部责任，非对债权人的责任）

（2）合伙企业财产不足清偿的债务部分，合伙人按照下列规则承担责任：

［规则1］一个合伙人或者数个合伙人在执业活动中因故意或者重大过失造成合伙企业债务的，应当承担无限责任或者无限连带责任，其他合伙人以其在合伙企业中的财产份额为限承担责任。

［规则2］合伙人在执业活动中非因故意或者重大过失造成的合伙企业债务以及合伙企业的其他债务，由全体合伙人承担无限连带责任。（此和一般普通合伙企业完全相同）

法条链接《合伙企业法》第91、92条（企业注销后债务清偿），第53条（退伙债务清偿），第83、84条（合伙人转换债务清偿），第57、58条（特殊普合债务清偿）。

第**4**章

···扩 展 知 识···

第**19**讲

公司涉及市场规制纠纷（反不正当竞争法、反垄断法、消费者权益保护法）

考情分析

该讲尚未在主观题中出现，但有较大的考查概率。公司作为市场经济的主体，其在实务中常会涉及是否构成垄断、不正当竞争行为，以及对行为的定性和处理。

考点46 经营者的垄断行为★★

考查角度

1. 对行为的定性。例如，判断某一市场行为是否构成垄断行为以及构成何种垄断行为。
2. 对行为的处理，包括违法行为的行政法律责任、民事法律责任、公益诉讼等。

经营者的垄断行为包括垄断协议、滥用市场支配地位、经营者集中。（从主观题和"公司"结合考查的角度出发，本书仅限于"经营者的垄断行为"，不包括行政机关的排除限制竞争行为）

一、对行为正当性的判断

（一）垄断协议

[情形1] 公司的下列行为，构成垄断协议：

1. 具有竞争关系的经营者达成的关于固定价格、分割市场的协议，构成横向垄断协议。这些协议包括：

（1）固定或者变更商品价格。例如，因原材料成本上涨，A方便面企业独立决定自己涨价是合法的；但如果是多家方便面企业（A、B、C……）决定统一涨价，则构成垄断。

（2）限制商品的生产数量或者销售数量。

（3）分割销售市场或者原材料采购市场。

（4）限制购买新技术、新设备或者限制开发新技术、新产品。

（5）联合抵制交易。例如，多家方便面企业（A、B、C……）决定统一不给甲超市供货，此为联合抵制。

（6）国务院反垄断执法机构认定的其他垄断协议。

2. 经营者与交易相对人达成的关于限价的协议，构成纵向垄断协议。这些协议包括：

（1）固定向第三人转售商品的价格。但是，经营者能够证明其不具有排除、限制竞争效果的，不予禁止。

（2）限定向第三人转售商品的最低价格。但是，经营者能够证明其不具有排除、限制竞争效果的，不予禁止。

（3）国务院反垄断执法机构认定的其他垄断协议。

迷你案例

案情：2012年12月底，茅台酒厂（上游厂家）要求茅台经销商（下游销售商）向第三人转售53度飞天茅台的团购价不能低于1400元/瓶。

问题：茅台酒厂的行为是否合法？应当如何处理？

答案：不合法，茅台酒厂的行为构成垄断协议（或答：构成纵向垄断）。因为销售商可根据自己的利润空间自行决定"对外转售价格"，联合定价违背市场规律。

就该种行为，应当由反垄断执法机构责令茅台酒厂停止违法行为，没收违法所得，并处上一年度销售额1%以上10%以下的罚款。

[情形2] 经营者达成的下列协议，不构成垄断行为：（垄断协议的豁免条款）

这些行为包括：

1. 为改进技术、研究开发新产品的。

2. 为提高产品质量、降低成本、增进效率，统一产品规格、标准或者实行专业化分工的。

3. 为提高中小经营者经营效率，增强中小经营者竞争力的。

4. 为实现节约能源、保护环境、救灾救助等社会公共利益的。

5. 因经济不景气，为缓解销售量严重下降或者生产明显过剩的。

6. 为保障对外贸易和对外经济合作中的正当利益的。

7. 法律和国务院规定的其他情形。

属于前述第1项至第5项情形，不构成垄断行为的，经营者还应当证明所达成的协议不会严重限制相关市场的竞争，并且能够使消费者分享由此产生的得益。

一招制敌 考虑经营者的目的是否正当。如果经营者是为公共利益达成的合意或者一致行动，则不构成垄断行为。

法条链接 《反垄断法》第16~20条。

（二）滥用市场支配地位

1. 具有市场支配地位的经营者从事下列行为，构成滥用市场支配地位：

（1）以不公平的高价销售商品或者以不公平的低价购买商品；

（2）没有正当理由，以低于成本的价格销售商品；

（3）没有正当理由，拒绝与交易相对人进行交易；

（4）没有正当理由，限定交易相对人只能与其进行交易或者只能与其指定的经营者进行交易；

（5）没有正当理由搭售商品，或者在交易时附加其他不合理的交易条件；

（6）没有正当理由，对条件相同的交易相对人在交易价格等交易条件上实行差别待遇，如互联网平台的"大数据杀熟"；

（7）国务院反垄断执法机构认定的其他滥用市场支配地位的行为。

2. 具有市场支配地位的经营者不得利用数据和算法、技术以及平台规则等从事前述规定的滥用市场支配地位的行为。

3. 相关市场，是指经营者在一定时期内就特定商品或者服务进行竞争的商品范围和地域范围，如腾讯QQ软件的相关市场是"即时通讯"市场。

一招制敌 判断标准：是否具有"控制力"。

迷你案例

案情：萱草自来水公司为某市65%的用户提供城市用水。萱草自来水公司与乙公司签订某房地产项目供水合同时，指定由丙公司负责该项目的给水工程设计，并直接将丙公司作为合同当事人的格式合同交给乙公司签字。

问题：萱草自来水公司的行为应当如何认定？

答案：萱草自来水公司没有正当理由，限定交易相对人只能与其进行交易或者只能与其指定的经营者进行交易，其行为构成滥用市场支配地位。

（三）经营者集中

经营者下列行为，构成经营者集中：

1. 经营者合并。例如，2008年9月，可口可乐提出以24亿美元全面收购汇源果汁。

2. 经营者通过取得股权或者资产的方式取得对其他经营者的控制权。

3. 经营者通过合同等方式取得对其他经营者的控制权或者能够对其他经营者施加决定性影响。

二、对构成垄断行为的处理

1. 经营者实施垄断行为，给他人造成损失的，依法承担民事责任。根据原告的请求，人民法院可以将原告因调查、制止垄断行为所支付的合理开支计入损失赔偿范围。

2. 经营者实施垄断行为，损害社会公共利益的，设区的市级以上人民检察院可以依法向人民法院提起民事公益诉讼。

3. 违反《反垄断法》规定，构成犯罪的，依法追究刑事责任。

4. 经营者实施垄断行为，由反垄断执法机构追究其行政责任，如责令停止违法行为、没收违法所得、处以罚款等。

迷你案例

案情：阿里巴巴集团对平台内商家提出"二选一"的要求，禁止平台内商家在其他竞争性平台开店或参加促销活动，并借助市场力量、平台规则和数据、算法等技术手段，采取多种奖惩措施以保障"二选一"要求的执行，维持、增强自身市场力量，获取不正当竞争优势。

问1：该案的相关市场如何界定？

答案：本案相关市场为中国境内网络零售平台服务市场。

问2：对于阿里巴巴集团对平台内商家提出"二选一"要求的行为，应当如何定性？

答案：阿里巴巴集团的行为构成滥用市场支配地位，即"没有正当理由，限定交易相对人只能与其进行交易或者只能与其指定的经营者进行交易"。

问3：对上述行为，市场监督管理总局可以作出哪些行政处罚？

答案：市场监督管理总局可以责令阿里巴巴集团停止违法行为，没收违法所得并处罚款（或具体写明：并处上一年度销售额1%以上10%以下的罚款）。

考点 **47** 经营者的不正当竞争行为★★★

☒ 考查角度

1. 对行为的定性。例如，判断某一市场行为是否构成不正当竞争以及构成何种不正当竞争行为。

2. 对行为的处理，包括违法行为的行政法律责任、民事法律责任等。

不正当竞争行为，是指经营者在生产经营活动中，违反《反不正当竞争法》的规定，扰乱市场竞争秩序，损害其他经营者或者消费者的合法权益的行为。

一、对行为正当性的判断

（一）混淆行为

公司下列行为，构成混淆行为：

1. 擅自使用与他人有一定影响的商品名称、包装、装潢等相同或者近似的标识。此为"商品名混淆"。

2. 擅自使用他人有一定影响的企业名称（包括简称、字号、在中国境内进行商业使用的境外企业名称等）、社会组织名称（包括简称等）、姓名（包括笔名、艺名、译名等）。此为"企业名混淆"。

3. 擅自使用他人有一定影响的域名主体部分、网站名称、网页等。

4. 其他足以引人误认为是他人商品或者与他人存在特定联系的混淆行为。

一招制敌 判断标准：是否与他人商品或者与他人存在特定联系。

法条链接 《反不正当竞争法》第6条；《反不正当竞争法解释》第4~14条。

迷你案例

案情："长河青旅"是"长河市中国青年旅行社"的简称，经过多年使用和宣传，已享有较高市场知名度。若干年后，长河市另一旅游公司"国青国际旅行社"也使用"长河青旅"的简称，进行宣传推广。

问题：国青国际旅行社认为两个公司的工商登记名称完全不同，自己是合法使用。该理由是否正确？

答案：不正确。足以引人误认为是他人商品或者与他人存在特定联系，构成混淆行为。本案中，虽然"长河青旅"是简称，但经长河市中国青年旅行社的长期使用，已经具备一定的影响力。所以，国青国际旅行社擅自使用会引人误认为二者存在特定联系的名称，根据《反不正当竞争法》第6条第4项的规定，构成不正当竞争行为中的混淆行为。

（二）虚假宣传行为

经营者的下列行为，构成虚假宣传：

1. 经营者对其商品的性能、功能、质量等作虚假或者引人误解的商业宣传，欺骗、误导消费者。

2. 经营者对其商品的销售状况、用户评价、曾获荣誉等作虚假或者引人误解的商业宣传，欺骗、误导消费者。

3. 经营者通过组织虚假交易等方式，帮助其他经营者进行虚假或者引人误解的商业宣传。

[法条链接]《反不正当竞争法》第8条;《反不正当竞争法解释》16~18条。

(三)互联网不正当竞争

经营者的下列行为,构成互联网不正当竞争的行为:

1. 流量劫持,即未经其他经营者同意,在其合法提供的网络产品或者服务中,插入链接、强制进行目标跳转。

(1)"强制进行目标跳转",是指未经其他经营者和用户同意而直接发生的目标跳转。

(2)仅插入链接,目标跳转由用户触发的,不能一概认定为"不正当竞争行为"。人民法院应当综合考虑插入链接的具体方式、是否具有合理理由、对用户利益和其他经营者利益的影响等因素,认定该行为是否违法。

2. 强制卸载,即经营者事前未明确提示并经用户同意,以误导、欺骗、强迫用户修改、关闭、卸载等方式,恶意干扰或者破坏其他经营者合法提供的网络产品或者服务。例如,用户安装的"3721网络实名"软件,无提示也不经用户同意直接卸载用户安装的"百度IE搜索伴侣"。

3. 恶意不兼容,即恶意对其他经营者合法提供的网络产品或者服务实施不兼容。例如,用户安装的奇虎公司"360安全卫士",将阻碍安装"金山网盾"。

4. 其他妨碍、破坏其他经营者合法提供的网络产品或者服务正常运行的行为。

[法条链接]《反不正当竞争法》第12条;《反不正当竞争法解释》第21、22条。

迷你案例

案情:搜狗公司通过输入法的候选词功能,当用户使用搜狗输入法在"A网站"上搜索某信息时,若不完全输入词组,则在点击对话框自动弹出的联想词后,自动从A网站跳转到"搜狗搜索"网站。

问题:搜狗公司的行为是否构成混淆行为?

答案:搜狗公司的行为不构成混淆行为。

混淆行为,是指足以引人误认为是他人商品或者与他人存在特定联系的行为。本案中,搜狗公司采取的手段是"未经其他经营者和用户同意而直接发生的目标跳转",这和与他人商品名称、企业名称、网站名称产生特定联系的混淆手段不同,故搜狗公司的行为不构成混淆行为,而应定性为强制进行目标跳转的不正当竞争行为。

(四)其他不正当竞争行为

一招制敌 判断标准:该行为是否符合"自愿、平等、公平、诚信的原则",是否遵守法律和商业道德。

[法条链接]《反不正当竞争法》第2条第1款。

二、对构成不正当竞争行为的处理（略）

第 **20** 讲

公司和劳动者之间的纠纷

◤ 考情分析

在遥远的司考年代，民事诉讼法的试题中考查了 1 次拖欠劳动者工资的处理问题。

◎考点 **48** 劳动规章制度的合法性判断 ★

> ◤ **考查角度** 判断公司董事会或经理制定的劳动纪律是否合法。内容简单，记忆为主。

公司劳动纪律必须合法，不得减损劳动者的权利。法律在工作时间、特殊劳动者的保护方面均有强制性规定，不得违反。

建议同学们掌握下列重要的规则：

1. 国家实行劳动者每日工作时间不超过 8 小时、平均每周工作时间不超过 44 小时的工时制度。

法条链接《劳动法》第 36 条。

2. 用人单位应当严格执行劳动定额标准，不得强迫或者变相强迫劳动者加班。用人单位安排加班的，应当按照国家有关规定向劳动者支付加班费。

法条链接《劳动合同法》第 31 条。

3. 休息休假

（1）用人单位应当保证劳动者每周至少休息 1 日。

（2）劳动者连续工作 1 年以上的，享受带薪年休假。具体办法由国务院规定。

法条链接《劳动法》第 38 条、第 45 条第 2 款。

迷你案例

案情：甲公司经常加班引起职工不满。现工会代表与甲公司签了集体合同，合同约定：每个月加班 48 小时，每年年假多放 5 天（平均下来，每个月加班不超过 36 小时）。

问题：该集体合同条款是否有效？为什么？

答案：无效。根据《劳动法》第41条的规定，由于生产经营需要的加班，在保障劳动者身体健康的条件下，每月不得超过36小时。本案中，集体合同约定了每月加班48小时，即使增加年假，这种长时间的加班也已经损害了劳动者的身体健康，故该条款违法。

4. 对女职工的保护

（1）禁止安排女职工从事矿山井下、国家规定的第四级体力劳动强度的劳动和其他禁忌从事的劳动。

（2）不得安排女职工在经期从事高处、低温、冷水作业和国家规定的第三级体力劳动强度的劳动。

（3）不得安排女职工在怀孕期间从事国家规定的第三级体力劳动强度的劳动和孕期禁忌从事的劳动。对怀孕7个月以上的女职工，不得安排其延长工作时间和夜班劳动。

（4）不得安排女职工在哺乳未满1周岁的婴儿期间从事国家规定的第三级体力劳动强度的劳动和哺乳期禁忌从事的其他劳动，不得安排其延长工作时间和夜班劳动。

[法条链接]《劳动法》第51~61、63条。

5. 对未成年工的保护

（1）用人单位应当对未成年工定期进行健康检查。未成年工，是指16~18周岁的劳动者。

（2）不得安排未成年工从事矿山井下、有毒有害、国家规定的第四级体力劳动强度的劳动和其他禁忌从事的劳动。

[法条链接]《劳动法》第64、65条。

6. 社会保险是一项强制性保险，用人单位和劳动者均要参加。

[法条链接]《劳动法》第4条和《社会保险法》第4条（社保强制性）。

7. 其他规则。（略）

考点49 劳动合同的订立、履行与合同解除纠纷 ★★

> 🔖**考查角度** 劳动合同在订立和履行环节可能出现的纠纷，特别是解除劳动合同理由是否合法、用人单位是否应该支付解约补偿金，是需要关注的重点。

一、劳动合同的订立环节（未签订书面劳动合同的纠纷）

"已建立劳动关系，但未签订书面劳动合同"时，依据"时间+主体"处理。

[时间点 1] 自用工之日起 1 个月内。

1. 用人单位：未签书面劳动合同的，不用承担不利后果。

2. 劳动者：经用人单位书面通知后，不与用人单位订立书面劳动合同的，用人单位应当书面通知劳动者终止劳动关系。

[时间点 2] 自用工之日起超过 1 个月不满 1 年。

1. 用人单位

（1）未与劳动者订立书面劳动合同的，应当向劳动者每月支付 2 倍的工资，并与劳动者补订书面劳动合同；

（2）上述用人单位向劳动者每月支付 2 倍工资的起算时间为用工之日起满 1 个月的次日，截止时间为补订书面劳动合同的前一日。

2. 劳动者：不与用人单位订立书面劳动合同的，用人单位应当书面通知劳动者终止劳动关系，并按照规定支付经济补偿。

[时间点 3] 自用工之日起满 1 年。

1. 用人单位

（1）未与劳动者订立书面劳动合同的，自用工之日起满 1 个月的次日至满 1 年的前一日应当依照规定向劳动者每月支付 2 倍的工资；

（2）并视为自用工之日起满 1 年的当日已经与劳动者订立无固定期限劳动合同，应当立即与劳动者补订书面劳动合同。

2. 劳动者：不与用人单位订立书面劳动合同的，用人单位不得终止劳动关系。

法条链接《劳动合同法》第 82 条；《劳动合同法实施条例》第 5~7 条。

迷你案例

案情：甲公司于 2021 年 5 月 1 日雇佣了货车师傅张某，口头约定劳动合同期限为 2021 年 5 月 1 日至 2021 年 9 月 1 日。之后甲公司在外地设立乙公司。在甲公司的安排下，张某到乙公司工作，口头约定劳动合同期限为 2021 年 9 月 1 日至 2022 年 8 月 1 日。2022 年 8 月 1 日，乙公司提出解除劳动合同，张某表示同意。两家公司都未曾和张某签订书面劳动合同，现因经济补偿和工资报酬问题发生纠纷。

问题：解除劳动合同时，张某除了主张工资报酬等事项，还能主张哪些项目？

答案：张某可主张甲公司因未签订书面劳动合同多支付 11 个月工资，并主张乙公司多付一个半月的工资作为解约的经济补偿金。

在和甲公司的关系中，根据《劳动合同法》第 10 条第 1 款的规定，建立劳动关系，用人单位应当订立书面劳动合同，否则要承担不利后果。具体到本案，根据《劳动合同法实施条例》第 7 条的规定，用人单位自用工之日起满 1 年未与劳动者订立书面劳动合同的，自用工之日起满 1 个月的次日至满 1 年的前一日应当向劳动者每月支付 2 倍的工资。也就是说，当未签订劳动合同时，用人单位最多需要支付 11 个月的双倍工资。由于本案中的劳动争议尚在仲裁时效内，因此，张某可向甲公司主张第二倍工资，要求甲公司多支付11个月的工资。

在和乙公司的关系中，根据《劳动合同法实施条例》第10条的规定，劳动者非因本人原因从原用人单位被安排到新用人单位工作，原用人单位未支付经济补偿，在计算支付经济补偿或赔偿金的工作年限时，原用人单位的工作年限合并计算为新用人单位的工作年限。根据《劳动合同法》第47条的规定，经济补偿按劳动者在本单位工作的年限，每满1年支付1个月工资的标准向劳动者支付。不满6个月的，向劳动者支付半个月工资的经济补偿。本案中，张某在甲公司和乙公司共计工作1年零3个月，所以乙公司要支付一个半月的工资作为经济补偿。

二、劳动合同的履行环节（劳动合同的特殊条款）

（一）试用期条款

为防止用人单位滥用试用期规定，《劳动合同法》对试用期进行了限定。要点包括：

1. 同一用人单位与同一劳动者只能约定一次试用期。

2. 试用期包含在劳动合同期限内。劳动合同仅约定试用期的，试用期不成立，该期限为劳动合同期限。

3. 试用期的期限

劳动合同期限	试用期
不满3个月的	不得约定试用期
3个月以上不满1年的	不得超过1个月
1年以上不满3年的	不得超过2个月
3年以上固定期限和无固定期限	不得超过6个月

4. 试用期间的工资（≥80%且≥最低工资）

（1）劳动者在试用期的工资不得低于本单位相同岗位最低档工资或者劳动合同约定工资的80%；

（2）并且不得低于用人单位所在地的最低工资标准。

（二）保密条款

保密条款，是指用人单位与劳动者可以在劳动合同中约定保守用人单位的商业秘密和与知识产权相关的保密事项。

（三）竞业限制条款

竞业限制，是指特定的劳动者在解除、终止劳动合同后的一定期限内，不得到与本单位生产或者经营同类产品、从事同类业务的有竞争关系的其他用人单位任职，或者不得自己开业生产或者经营同类产品、从事同类业务。

迷你案例

案情：甲厂与工程师江某签订了保密协议。江某在劳动合同终止后应聘至同行业的乙厂，并帮助乙厂生产出与甲厂相同技术的发动机。甲厂认为保密义务理应包括竞业限制义务，江某不得到乙厂工作，乙厂和江某共同侵犯其商业秘密。

问1：江某辞职后能否立即到和甲厂有竞争业务的乙厂工作？

答案：可以。劳动者的保密义务和竞业限制义务是两项独立的义务，保密义务并不包含竞业限制。所以，在甲厂未明确约定江某负有竞业限制义务时，江某有权到乙厂工作。

问2：若江某违反了保密协议，则江某是否要对甲厂承担违约责任？

答案：不用承担。

（四）服务期条款

1. 服务期条款，是指用人单位为劳动者提供专项培训费用，对其进行专业技术培训的，可以与该劳动者订立协议，约定服务期。

2. 劳动者违反服务期约定的，应当按照约定向用人单位支付违约金。违约金的数额不得超过用人单位提供的培训费用。用人单位要求劳动者支付的违约金不得超过服务期尚未履行部分所应分摊的培训费用。

3. 用人单位与劳动者约定服务期的，不影响按照正常的工资调整机制提高劳动者在服务期期间的劳动报酬。

（五）违约金条款

《劳动合同法》明确规定只有在两种情形下，劳动者在违约时应当承担违约金，也即不允许用人单位任意约定由劳动者承担违约金：

1. 劳动者违反服务期约定的，应当按照约定向用人单位支付违约金。

2. 劳动者违反竞业限制约定的，应当按照约定向用人单位支付违约金。

[法条链接]《劳动合同法》第22、23条。

迷你案例

案情：2013年7月，张某进入甲公司，签订了2年期劳动合同。2014年10月，张某被选派到美国ABB公司进行专业技术培训，培训费15万元，由甲公司支付，并签订了回单位后服务期为3年的合同。2015年4月，张某回到甲公司。现张某和甲公司在约定的服务期内发生如下纠纷。

问1：甲公司未为出国培训员工缴纳社会保险费，张某提出辞职的，是否需要支付违约金？

答案：无需支付违约金。用人单位和职工必须参加社保，缴纳社会保险费是用人单位的义务，若用人单位违反该义务，那么即使在服务期内，劳动者也可随时提出解除劳动合同。故本案中，劳动合同的解除是劳动者的权利，而非"劳动者过错"，张某无需支付违约金。

问2：甲公司以张某连续旷工超过15天，严重违反规章制度为由解除劳动合同的，张某是否需要支付违约金？

答案：应当支付违约金。劳动者因为过错被用人单位解除劳动合同的，也产生了劳动者没有完成服务期约定的后果，且该种后果是由于劳动者的原因造成的，属于劳动者违反服务期约定的情形。故本案中，张某应当按照约定向用人单位支付违约金。

三、劳动合同的解除环节

（一）劳动合同解除理由

1. 用人单位可解除劳动合同的情形。（略）

2. 用人单位不得解除劳动合同的情形

[原则-禁止单方解除]

为保护特定劳动者群体的利益，用人单位不得单方解除与下列劳动者的劳动合同：

（1）从事接触职业病危害作业的劳动者未进行离岗前职业健康检查，或者疑似职业病病人在诊断或者医学观察期间的；

（2）在本单位患职业病或者因工负伤并被确认丧失或者部分丧失劳动能力的；

（3）患病或者非因工负伤，在规定的医疗期内的；

（4）女职工在孕期、产期、哺乳期的；

（5）在本单位连续工作满15年，且距法定退休年龄不足5年的；

（6）法律、行政法规规定的其他情形。

[例外-可以单方解除]

上述特定劳动者出现严重违规、违法等过错性解除情形时，用人单位可以单方解除，无需提前30日通知劳动者。

具体理由包括劳动者严重违反用人单位的规章制度、严重失职、营私舞弊、被追究刑事责任等情形。

法条链接《劳动合同法》第42条（合同解除理由）。

（二）解除劳动合同的经济补偿

经济补偿，是指当劳动合同依法解除或终止时，用人单位需要支付给劳动者一定数额的金钱。

1. 经济补偿的计算标准：本单位工作年限+工资

（1）按照工作年限，每满1年支付1个月工资的标准向劳动者支付经济补偿；

（2）工作年限6个月以上不满1年的，按1年计算，支付1个月工资的经济补偿；

（3）工作年限不满6个月的，支付半个月工资的经济补偿。

2. 工作年限的特殊规则（仅限于经济补偿的计算）

劳动者非因本人原因从原用人单位被安排到新用人单位工作，计算经济补偿的工作年限，其规则为：

（1）工作年限：在原用人单位的工作年限合并计算为新用人单位的工作年限。

（2）补偿金计算年限

［情形1］原用人单位已经向劳动者支付经济补偿的，新用人单位在依法解除、终止劳动合同计算支付经济补偿的工作年限时，不再计算劳动者在原用人单位的工作年限。

［情形2］原用人单位未支付经济补偿的，在计算支付经济补偿或赔偿金的工作年限时，原用人单位的工作年限合并计算为新用人单位工作的年限。

3. 无需支付经济补偿的情形

出现下列情形之一的，当劳动合同解除或终止时，用人单位无需支付经济补偿：

（1）劳动者提出解除劳动合同并与用人单位协商一致解除劳动合同的。

（2）劳动者有过错，如严重违规违法，用人单位可以解除劳动合同，无经济补偿。

（3）用人单位维持或者提高劳动合同约定条件续订劳动合同，劳动者不同意续订，终止固定期限劳动合同的。

（4）公益性岗位。其劳动合同不适用支付经济补偿的规定，即该种劳动合同解除或者终止时，用人单位无需支付经济补偿金。

公益性岗位，是指地方各级人民政府及县级以上地方人民政府有关部门为安置就业困难人员提供的给予岗位补贴和社会保险补贴的岗位。

 迷你案例

案情：王某，女，1990年出生，于2012年2月1日入职某公司，从事后勤工作。2012年6月30日，王某因无法胜任经常性的夜间高处作业而提出离职，经公司同意，双方办理了工资结算手续，并于同日解除了劳动关系。同年8月，王某以双方未签订书面劳动合同为由，向当地劳动争议仲裁委申请仲裁，要求公司再支付工资12 000元。

问题：该劳动合同解除时，王某主张公司支付半个月工资的经济补偿金，能否得到支持？

答案：不能。经济补偿，是指当劳动合同依法解除或终止时，用人单位仍然需要支付给劳动者的一定数额的金钱。本案属于劳动者（王某）提出解除劳动合同，经双方协商解除合同的情形，故该公司无需支付经济补偿金。

第**21**讲

公司涉及知识产权纠纷

▣考情分析

知识产权部分仅在 2005 年案例分析题中和《公司法》结合考查过。随着知识产权在实务中越来越重要，公司涉及知识产权纠纷可预见地越来越多，所以本书增加了"公司涉及知识产权纠纷"这个考点。

㊟考点 **50** 专利侵权行为★

▣**考查角度** 判断是否构成侵犯（发明）专利权；专利侵权诉讼规则。（因为发明是最重要的专利，所以本考点仅介绍侵犯发明专利权的相关规则）

一、专利侵权的认定（发明）

专利侵权行为，是指在专利权有效期限内，任何单位或者个人未经专利权人许可又无法律依据，以营利为目的实施他人专利的行为。（无合同依据，无特别许可，均为侵权）

（一）构成侵权

发明和实用新型专利权被授予后，除《专利法》另有规定的以外，任何单位或者个人未经专利权人许可，都不得实施其专利，即不得为生产经营目的制造、使用、许诺销售、销售、进口其专利产品，或者使用其专利方法以及使用、许诺销售、销售、进口依照该专利方法直接获得的产品。

外观设计专利权被授予后，任何单位或者个人未经专利权人许可，都不得实施其专利，即不得为生产经营目的制造、许诺销售、销售、进口其外观设计专利产品。

（二）不构成侵权

1. 在专利侵权纠纷中，被控侵权人有证据证明其实施的技术或者设计属于现有技术或者现有设计的，不构成侵犯专利权。（现有技术抗辩）

2. 专利产品或者依照专利方法直接获得的产品，由专利权人或者经其许可的单位、个人售出后，使用、许诺销售、销售、进口该产品的，不视为侵犯专利权。（专利耗尽

原则）

3. 在专利申请日前已经制造相同产品、使用相同方法或者已经作好制造、使用的必要准备，并且仅在原有范围内继续制造、使用的，不视为侵犯专利权。（先用权原则）

[提示]　"原有范围"，包括专利申请日前已有的生产规模以及利用已有的生产设备或者根据已有的生产准备可以达到的生产规模。

4. 专为科学研究和实验而使用有关专利的，不视为侵犯专利权。（非商业使用原则）

5. 其他情形。（略）

法条链接《专利法》第 67 条（现有技术抗辩）、第 75 条（其他不构成侵权）。

迷你案例

1. 案情：甲公司通过新方法培育出 A 级对虾，并将培育方法申请了专利。乙公司未经允许私自使用甲公司的专利方法培育出了该品种对虾。丙公司购买了乙公司培育的对虾并制作成了虾酱。丁超市从丙公司处购买并出售该虾酱。戊研究所使用甲公司的培育方法培育对虾，研究发现培育出来的对虾成活率不高，后在此基础上研究出了新型培育方法。

问题：乙公司、丙公司、丁超市、戊研究所是否侵犯甲公司的专利权？

答案：乙公司、丙公司侵犯了甲公司的专利权，丁超市、戊研究所没有侵犯甲公司的专利权。

根据《专利法》第 11 条第 1 款的规定，未经许可"为生产经营目的……使用其专利方法以及使用、许诺销售、销售、进口依照该专利方法直接获得的产品"的，构成侵权。该条将未经许可使用专利方法以及使用、销售、进口"直接产品"等行为，认定为侵权。

本案中，乙公司未经允许使用甲公司的专利方法培育该品种对虾，构成侵权。（乙对虾称为"直接产品"）丙公司使用了乙公司的对虾制作虾酱，该行为属于使用直接产品（乙对虾）获得"后续产品"丙虾酱，故丙公司也构成侵权。

丁超市对于后续产品（丙虾酱）进行销售，已经超出了《专利法》第 11 条第 1 款规定的保护范围，故不构成侵权。

戊研究所专为科学研究和实验使用有关专利的，并非以生产经营为目的，根据非商业使用原则，不视为侵权。

2. 案情：甲、乙两公司各自独立发明了相同的节水型洗衣机。甲公司于 2013 年 6 月申请发明专利权，专利局于 2014 年 12 月公布其申请文件，并于 2015 年 12 月授予发明专利权。乙公司于 2013 年 5 月开始销售该种洗衣机。另查，本领域技术人员通过拆解分析该洗衣机，即可了解其节水的全部技术特征。丙公司于 2014 年 12 月看到甲公司的申请文件后，立即开始制造并销售相同的洗衣机。2016 年 1 月，甲公司起诉乙、丙两公司侵犯其发明专利权。现查明，乙公司仅在原有制造能力范围内继续制造，并未扩大生产销售规模。

问 1：乙公司是否构成侵犯甲公司专利权？

答案：不构成。《专利法》第 75 条第 2 项规定了"先用权原则"，乙公司在甲公司的

141

专利申请日之前就已制造相同的洗衣机并且仅在原有范围内继续制造、使用的，不构成侵权。

问2：丙公司若用"现有技术抗辩"，则应当提出哪些证据？

答案：《专利法》第67条规定："在专利侵权纠纷中，被控侵权人有证据证明其实施的技术或者设计属于现有技术或现有设计的，不构成侵犯专利权。"现有技术，是指一项在专利申请日前已有的单独的技术方案，或者该领域普通技术人员认为是已有技术的显而易见的简单组合而成的技术方案。

本案中，丙公司若采用"现有技术抗辩"，则应证明：①乙公司于2013年5月开始销售，乙的该项技术"本领域技术人员通过拆解分析该洗衣机，即可了解"；②甲公司获得发明专利权是在2015年12月，也就是在甲被授权之前，已经存在该节能洗衣机的技术。以上事实即可证明甲的技术属于"现有技术"，丙公司不构成侵犯甲的专利权。

二、构成专利侵权的诉讼问题

（一）被许可人的诉讼地位

分　类	概　　念	诉讼地位
独占许可	在合同约定的时间和地域范围内，知识产权权利人（许可人）只授权一家被许可人使用其智力成果，许可人和其他任何第三人均不享有使用权。	被许可人可以单独起诉侵犯知识产权的行为。
排他许可	在合同约定的时间和地域范围内，知识产权权利人（许可人）授权一家被许可人使用其智力成果，许可人保留对该智力成果的使用权，但任何其他第三人均不享有使用权。	被许可人在知识产权权利人不起诉的情况下，可以代位起诉，也可以共同起诉。
普通许可	在合同约定的时间和地域范围内，知识产权权利人（许可人）授权多家被许可人使用其智力成果，且许可人自己也保留对该智力成果的使用权。	（1）原则上，被许可人不享有起诉权；（2）但是，被许可人和权利人在许可合同中明确约定被许可人可以单独起诉，或者经权利人书面授权单独提起诉讼的，法院应当受理。

（二）举证责任

专利侵权纠纷涉及新产品制造方法的发明专利的，制造同样产品的单位或者个人应当提供其产品制造方法不同于专利方法的证明。

（三）证据保全

为了制止专利侵权行为，在证据可能灭失或者以后难以取得的情况下，专利权人或者利害关系人可以在起诉前依法向人民法院申请保全证据。

[法条链接]《专利法》第73条（证据保全）。

（四）诉讼时效

侵犯专利权的诉讼时效为3年，自专利权人或者利害关系人知道或者应当知道侵权行为以及侵权人之日起计算。

考点 51 商标侵权行为 ★

> ▶ **考查角度** 判断是否构成侵犯商标权。

注册商标的专用权，以核准注册的商标和核定使用的商品为限。（商标+商品）

一、商标侵权行为的认定

（一）构成侵犯注册商标专用权的行为

1. 常见侵犯注册商标权专用权的行为

（1）未经商标注册人的许可，在同一种商品上使用与其注册商标相同的商标的。（商标假冒）

（2）未经商标注册人的许可，在同一种商品上使用与其注册商标近似的商标，或者在类似商品上使用与其注册商标相同或者近似的商标，容易导致混淆的。（商标仿冒）

（3）销售侵犯注册商标专用权的商品的。

（4）伪造、擅自制造他人注册商标标识或者销售伪造、擅自制造的注册商标标识的。

（5）未经商标注册人同意，更换其注册商标并将该更换商标的商品又投入市场的。例如，甲公司在纸手帕等纸制产品上注册了"茉莉花"文字及图形商标。现乙公司购买甲公司的"茉莉花"纸手帕后，将"茉莉花"商标改为"山茶花"商标，重新包装后销售。乙公司的行为构成"反向假冒"。

（6）故意为侵犯他人商标专用权行为提供便利条件，帮助他人实施侵犯商标专用权行为的。

（7）给他人的注册商标专用权造成其他损害的。

2. 合法来源抗辩

销售不知道是侵犯注册商标专用权的商品，能证明该商品是自己合法取得并说明提供者的，不承担赔偿责任。（是侵权，但不赔偿）

[法条链接]《商标法》第57条、第64条第2款。

案情：甲公司申请注册了A图案作为商标，使用一段时间后觉得A图案有瑕疵，不那么美观，于是稍加修改之后做成了B图案，并将B图案印在了商品上，且标有"注册商标"字样。乙公司发现B图案并未进行商标注册，于是将B图案作为商标印在了自己的同类产品上，并邀请了网红陈某在直播间带货宣传。此后，A图案3年没再使用。

问题：陈某是否侵犯了甲公司的商标专用权？

答案：构成侵权。

本案中，B图案和注册商标A图案近似，根据我国对注册商标专用权的保护，未经商标注册人的许可，在同一种商品上使用与其注册商标近似的商标，或者在类似商品上使用与其注册商标相同或者近似的商标，容易导致混淆的，均属侵犯注册商标专用权。（《商标法》第57条第2项）所以本案中，乙公司和陈某均侵犯了甲公司的商标专用权。

（二）不构成侵犯注册商标专用权的行为

1. 注册商标中含有的本商品的通用名称、图形、型号，或者直接表示商品的质量、主要原料、功能、用途、重量、数量及其他特点，或者含有的地名，注册商标专用权人无权禁止他人正当使用。

例如，"沁州黄"作为商品通用名，是一种黄小米的品种名称。A公司已经将"沁州黄"注册为商标（该商标经过使用获得显著特征）。B公司在其生产销售的小米商品包装明显位置使用了自己的注册商标，并在包装上使用"沁州"文字以表明小米品种来源。B公司在包装上使用"沁州"字样的行为，属于正当使用，并无不当。

2. 商标的先用权，不构成侵权。其指商标注册人申请商标注册前，他人已经在同一种商品或者类似商品上先于商标注册人使用与注册商标相同或者近似并有一定影响的商标的：

（1）注册商标专用权人无权禁止该使用人在原使用范围内继续使用该商标；

（2）但可以要求在先使用者附加适当区别标识。

法条链接《商标法》第59条第1、3款。

（三）对驰名商标的特殊保护

驰名商标，是指为相关公众所熟知的商标。其保护措施为：

1. 就相同或者类似商品申请注册的商标是复制、摹仿或者翻译他人未在中国注册的驰名商标，容易导致混淆的，不予注册并禁止使用。

2. 就不相同或者不相类似商品申请注册的商标是复制、摹仿或者翻译他人已经在中国注册的驰名商标，误导公众，致使该驰名商标注册人的利益可能受到损害的，不予注册并禁止使用。同时，因为是复制、摹仿、翻译"注册商标"，所以还应当对驰名商标权人承担赔偿责任。

[法条链接]《商标法》第 13 条。

迷你案例

案情：2013 年，"佳嘉"咖啡店经营得很好，并开设了多家分店，但其没有注册"佳嘉"商标，因多年经营享有知名度，"佳嘉"曾在侵权之诉中被认定为驰名商标。2018 年，"佳嘉"咖啡店前员工李某在离职后开设一家餐饮店，将"佳嘉"注册为服务商标，用于快餐服务行业，并将该商标印在了员工服上。2021 年，"佳嘉"咖啡店想要进军快餐服务行业时才发现该商标已经被李某注册。

问题："佳嘉"咖啡店是否有权起诉要求餐饮店承担赔偿责任？是否有权要求餐饮店停止使用"佳嘉"商标？

答案："佳嘉"咖啡店无权要求餐饮店承担赔偿责任，但可以要求其停止使用该商标。

本案中，咖啡店的"佳嘉"标识属于"未在中国注册的驰名商标"，根据《商标法》第 13 条第 1 款的规定，对其保护手段限于"容易导致混淆的，不予注册并禁止使用"。因此，"佳嘉"咖啡店要求"停止使用"的主张能够得到法院支持。另《商标法》第 56 条规定："注册商标的专用权，以核准注册的商标和核定使用的商品为限。"综合可知，仅针对"注册商标"的侵权行为，可以主张赔偿损失，因此，"佳嘉"咖啡店无权要求餐饮店承担赔偿责任。

二、商标侵权行为的诉讼问题 （略）

图书在版编目（ＣＩＰ）数据

2023 年国家法律职业资格考试主观题考点清单. 商法/鄢梦萱编著. —北京：中国政法大学出版社，2023.4

ISBN 978-7-5764-0866-9

Ⅰ.①2… Ⅱ.①鄢… Ⅲ.①商法－中国－资格考试－自学参考资料 Ⅳ.①D920.4

中国国家版本馆 CIP 数据核字(2023)第 043196 号

出 版 者　　中国政法大学出版社

地　　址　　北京市海淀区西土城路 25 号

邮寄地址　　北京 100088 信箱 8034 分箱　邮编 100088

网　　址　　http://www.cuplpress.com (网络实名：中国政法大学出版社)

电　　话　　010-58908285(总编室) 58908433 （编辑部） 58908334(邮购部)

承　　印　　北京铭传印刷有限公司

开　　本　　787mm×1092mm　1/16

印　　张　　10.5

字　　数　　255 千字

版　　次　　2023 年 4 月第 1 版

印　　次　　2023 年 4 月第 1 次印刷

定　　价　　63.00 元

法考APP

随时随地，我的专属法考学习阵地

全名师　　全高清

全课程　　全免费

厚大法考APP
扫码立即听课

厚大法考（北京）2023 年二战主观题教学计划

班次名称	授课时间	标准学费（元）	授课方式	阶段优惠(元)			配套资料
				6.10 前	7.10 前	8.10 前	
主观旗舰 A 班	6.6～10.10	56800	网授+面授	2022 年主观题成绩≥90 分的学员，若 2023 年主观题未通过，全额退费；2022 年主观题成绩≤89 分的学员，若 2023 年主观题未通过，退 46800 元。			本班配套图书及内部讲义
主观旗舰 B 班	6.6～10.10	36800	网授+面授	19800	已开课		
主观集训 A 班	7.15～10.10	46800	面 授	2022 年主观题成绩≥90 分的学员，若 2023 年主观题未通过，全额退费；2022 年主观题成绩≤89 分的学员，若 2023 年主观题未通过，退 36800 元。			
主观集训 B 班	7.15～10.10	26800	面 授	17800	18800	19800	
主观特训 A 班	8.15～10.10	36800	面 授	2022 年主观题成绩≥90 分的学员，若 2023 年主观题未通过，全额退费；2022 年主观题成绩≤89 分的学员，若 2023 年主观题未通过，退 26800 元。			
主观特训 B 班	8.15～10.10	19800	面 授	13800	14800	15800	

其他优惠：

1. 3 人（含）以上团报，每人优惠 300 元；5 人（含）以上团报，每人优惠 500 元。

2. 厚大老学员在阶段优惠基础上再优惠 500 元，不再适用团报政策。

3. 协议班次无优惠，不适用以上政策。

【总部及北京分校】北京市海淀区花园东路 15 号旷怡大厦 10 层　　电话咨询：4009-900-600-转 1-再转 1

二战主观面授咨询

厚大法考(上海)2023 年主观题面授教学计划

班次名称		授课时间	标准学费(元)	阶段优惠(元)		
				5.10 前	6.10 前	7.10 前
至尊系列	九五至尊班	5.22~10.12	199000(专属自习室)	①协议班次无优惠,订立合同;②2023 年主观题考试若过关,奖励 30000 元;③2023 年主观题考试若未过关,全额退还学费,再返 30000 元;④资深专业讲师博导式一对一辅导。		
			99000(专属自习室)	①协议班次无优惠,订立合同;②2023 年主观题考试若未过关,全额退还学费;③资深专业讲师博导式一对一辅导。		
	主观尊享班		45800(专属自习室)	35000	40000	已开课
	主观至尊班	6.25~10.12	39800(专属自习室)	30000	35000	40000
大成系列	主观长训班	6.25~10.12	32800	22800	25800	28800
	主观集训 VIP 班	7.20~10.12	25800	①专属辅导,一对一批阅;②赠送专属自习室。		
	主观集训班 A 模式			17800	19800	21800
	主观集训班 B 模式			①协议班次无优惠,订立合同;②2023 年主观题考试若未过关,退还 15800 元。		
	主观特训班	8.20~10.12	22800	14800	16800	18800
	主观高效提分 VIP 班	9.3~10.12	18800	①专属辅导,一对一批阅;②赠送专属自习室。		
	主观高效提分班 A 模式			12800	14800	16800
	主观高效提分班 B 模式			①协议班次无优惠,订立合同;②2023 年主观题考试若未过关,退还 10000 元。		
冲刺系列	主观短训班	9.20~10.12	13800	7800	8800	9800
	主观短训 VIP 班			①专属辅导,一对一批阅;②赠送专属自习室。		
	主观决胜班	9.25~10.12	12800	5800	6800	7800
	主观决胜 VIP 班			①专属辅导,一对一批阅;②赠送专属自习室。		
	主观点睛冲刺班	10.5~10.12	6800	3580	4080	4580

其他优惠:

1. 多人报名可在优惠价格基础上再享团报优惠:3 人(含)以上报名,每人优惠 200 元;5 人(含)以上报名,每人优惠 300 元;8 人(含)以上报名,每人优惠 500 元。
2. 厚大面授老学员报名再享 9 折优惠。
3. 课程时间将根据 2023 年司法部公布的主观题考试时间作相应调整。

【松江教学基地】 上海市松江大学城文汇路 1128 弄双创集聚区 3 楼 301 室　　咨询热线:021-67663517

厚大法考 APP　　　　厚大法考官博　　　　上海厚大法考官博　　　　上海厚大法考官微

厚大法考（华南）2023年主观题面授教学计划

班次名称		授课时间	标准学费（元）	阶段优惠(元)			配套资料
				6.10前	7.10前	8.10前	
全日制脱产系列	主观集训班	7.8~10.7	30800	18800	20800	——	主观题资料包（考点清单、沙盘推演、万能金句电子版）+课堂内部讲义
	主观暑期班	7.8~9.3	20800	11800	12800	——	
	主观特训班	8.10~10.7	23800	14800	15800	16800	
周末在职系列	主观周末全程班（视频+面授）	5.13~10.7	20800	14800	——	——	
	主观周末特训班	8.5~10.7	16800	11800	12300	12800	
冲刺系列	主观短训班	9.18~10.7	19800	10300	10800		沙盘推演+万能金句电子版+课堂内部讲义
	主观衔接班	9.25~10.7	14800	8000	9000		课堂内部讲义
	主观密训班	10.1~10.7	11800	5500	6000		随堂密训资料

其他优惠： 详询工作人员

【广州分校】广东省广州市海珠区新港东路1088号中洲交易中心六元素体验天地1207室　020-87595663　020-85588201
【深圳分校】广东省深圳市罗湖区滨河路1011号深城投中心7楼　0755-22231961
【成都分校】四川省成都市成华区锦绣大道5547号梦魔方广场1栋1318室　028-83533213

新浪微博@广州厚大法考面授

厚大法考(郑州)2023年二战主观题教学计划

班次名称		授课时间	标准学费(元)	授课方式	阶段优惠(元)			配套资料
					6.10前	7.10前	8.10前	
大成系列	主观旗舰A班	6.18~10.10	39800	网授+面授	2022年主观题成绩≥90分的学员,若2023年主观题未通过,全额退费;2022年主观题成绩≤89分的学员,若2023年主观题未通过,退29800元。(一对一批改服务、班班督学、一对一诊断学情、针对性提升、课程全面升级)			配备本班次配套图书及随堂内部资料
	主观旗舰B班	6.18~10.10	36800	网授+面授	11800	已开课		
	主观集训A班	7.20~10.10	36800	网授+面授	2022年主观题成绩≥90分的学员,若2023年主观题未通过,全额退费;2022年主观题成绩≤89分的学员,若2023年主观题未通过,退26800元。(一对一批改服务、班班督学、一对一诊断学情、针对性提升、课程全面升级)			
	主观集训B班	7.20~10.10	29800	网授+面授	10800	11300	已开课	
	主观特训A班	8.20~10.10	31800	网授+面授	协议保障,若2023年主观题未通过,退21800元。(一对一批改服务、班班督学、一对一诊断学情、针对性提升、课程全面升级)			
	主观特训B班	8.20~10.10	25800	网授+面授	9300	9800	10300	

其他优惠:

1. 3人(含)以上团报,每人优惠300元;5人(含)以上团报,每人优惠500元。

2. 厚大老学员在阶段优惠价格基础上再优惠800元,不再适用团报政策。

3. 协议班次无优惠,不适用以上政策。

【郑州分校地址】河南省郑州市龙湖镇(南大学城)泰山路与107国道交叉口向东50米路南厚大教学

咨询电话:杨老师17303862226 李老师19939507026

厚大法考APP　　厚大法考官微　　厚大法考官博　　QQ群:712764709　　郑州厚大官博　　郑州厚大官微

2023年内部网课
主观案例天天练

厚大网授

主观题打卡督学训练营

◎ 听课刷题　　◎ 督学陪伴　　◎ 案例解构　　◎ 养成习惯

课程亮点

案例库丰富, 让你习得主观答题思路

陪伴更贴心, 备考孤独有人陪伴倾诉

刷题更科学, 你只管落实好每日任务

习惯更良好, 早七晚八做题习惯保持

氛围更暖心, 群内学习氛围热情促学

知识点讲解	配套案例讲解
☀ 早7:00	🛏 晚20:00

── ● 主观案例"小题库"案例天天练, 主观天天学 ● ──

课程阶段	早晨知识点打卡	训练	晚上案例题讲解打卡
第一阶段	主观重要考点总结并配有讲解视频	主观小案例练习	小案例讲解视频
第二阶段	主观黄金考点总结并配有讲解视频	主观大案例练习	大案例讲解视频

更多课程详情
扫码添加微信咨询

2023年二战主观题私教课

专为二战主观题考生量身定制

书课同步　案例化教学　人工批改　面批面改　主观化思维训练

师资团队

跟着大咖，借势破局

学院派名师、实战派讲师、资深阅卷老师
为你解密主观题的"全部密码"

应试策略——了解考查规律，掌握备考方法。

考点清单——"吃透"主观题全部理论知识。

答题套路——掌握审题方法、案例拆解步骤、答题思路。

带写带练——学会卷面布局，精准抓取采分点，标准化答题。

案例训练——迷你案例→小综案例→大综案例→进阶案例→融合案例。

人工批改——名师面批面改，讲师及阅卷老师人工实时批改。（三师批改）

主观带背——主观题必背考点、采分点、法治思想素材等，专项带背训练。

法条定位——10秒定位法条，最后"一哆嗦"快速捞分。

数据建模——全程记录听课、作业、批改等学习数据，采用AI算法，智能辅助学习。

即时答疑——支持语音、图片、文字等多种方式提问，专人专科即时答疑。

班班督导——小班督学，跟班负责制。如未完成学习任务，及时督学。

图书及配套资料

全套资料，包邮到家

《主观考点清单》（6本）　　《主观沙盘推演》（7本）　　《主观采分有料》（7本）

《主观培优内部讲义》（7本）　《观点展示素材》（电子版）　《法治思想素材》（电子版）

2023年课程设置

拎包入"主"，全程托管

①二战主观题私教课-全程普通班

②二战主观题私教课-全程协议班

③二战主观题私教课-集训普通班

④二战主观题私教课-集训协议班

扫码咨询客服

电话咨询：4009-900-600-转1-再转1